Doce pasos para ser feliz

Dejando de ser víctima de las
circunstancias para despertar
a tu poder personal

Blanca Mercado

EL LIBRO MUERE CUANDO LO FOTOCOPIAN

Amigo lector:

La obra que tiene en sus manos es muy valiosa. Su autor vertió en ella conocimientos, experiencia y años de trabajo. El editor ha procurado una presentación digna de su contenido y pone su empeño y recursos para difundirla ampliamente, por medio de su red de comercialización.

Cuando usted fotocopia este libro o adquiere una copia "pirata" o fotocopia ilegal del mismo, el autor y editor no perciben lo que les permite recuperar la inversión que han realizado.

La reproducción no autorizada de obras protegidas por el derecho de autor desalienta la creatividad y limita la difusión de la cultura, además de ser un delito.

Si usted necesita un ejemplar del libro y no le es posible conseguirlo, escríbanos o llámenos. Lo atenderemos con gusto.

EDITORIAL PAX MÉXICO

Título de la obra: *Doce pasos para ser feliz. Dejando de ser víctima de las circunstancias para despertar a tu poder personal*

COORDINACIÓN EDITORIAL: Matilde Schoenfeld
CUIDADO DE EDICIÓN: Sagrario Nava
PORTADA: Víctor M. Santos Gally
DIAGRAMACIÓN: Ediámac

© 2011 Editorial Pax México, Librería Carlos Cesarman, S.A.
Av. Cuauhtémoc 1430
Col. Santa Cruz Atoyac
México DF 03310
Tel. 5605 7677
Fax 5605 7600
www.editorialpax.com

Primera edición
ISBN 978-607-7723-80-6
Reservados todos los derechos
Impreso en México / *Printed in Mexico*

A Dios por haberme permitido
reencontrarme con mi vocación.

A mi niña interior por su paciente espera
para nuestro encuentro.

A mis padres Eduardo y Estela, a mis hermanos, a mis hijos
Carlos, Neto y Mariana por su amor y confianza.

A mi abuela, a mis tías, en especial a Luz Elba y Patricia
por su cariño.

A mis alumnos por su entrega.

A mis maestros por su sabiduría
y generosidad.

A todos y cada uno,
gracias.

Índice

Presentación ix

PRIMER PASO: primera semana
   Yo solo, yo sola 1

SEGUNDO PASO: segunda semana
   Inventario personal 17

TERCER PASO: tercera semana
   Recuperando mi yo real 31

CUARTO PASO: cuarta semana
   La red de mi comunicación 43

QUINTO PASO: quinta semana
   Empujados por el pasado, jalados por el futuro .. 63

SEXTO PASO: sexta semana
   Relaciones sanas / relaciones conflictivas 77

SÉPTIMO PASO: séptima semana
   Mi poder persona, mi fuerza interna 105

OCTAVO PASO: octava semana
   Aprendiendo a vivir 123

NOVENO PASO: novena semana
   Recuperando mi liderazgo personal 139

DÉCIMO PASO: décima semana
   Sanando mis heridas emocionales 151

DECIMOPRIMER PASO: decimoprimera semana
RECOMENZANDO................................. 171

DECIMOSEGUNO PASO: decimosegunda semana
YO DECIDO MI VIDA: LIBRE OTRA VEZ............ 181

Importante 195
Acerca de la autora 197

Presentación

¿Cuándo podrán empezar a ir bien las cosas? ¿Sabes que en ti mismo se encuentra la causa de tu desgracia? ¿Por qué siempre sentimos que resultamos dañados?

Este manual de supervivencia te mostrará la forma de descubrir cómo sentirte una persona feliz y segura de sí misma a pesar de las circunstancias.

En sólo 12 pasos descubrirás tu potencial si lo pones en práctica. Después de este manual interactivo, todo será diferente.

Temas a tratar:

> Yo solo, yo sola
> Inventario personal
> Recuperando mi yo real
> La red de mi comunicación
> Empujados por el pasado, jalados por el futuro
> Relaciones sanas / Relaciones conflictivas
> Mi poder personal, mi fuerza interna
> Aprendiendo a vivir
> Recuperando mi liderazgo personal
> Sanando mis heridas
> Recomenzando
> Yo decido mi vida: libre otra vez

Escribí este libro reconociendo la constante lucha que he percibido en cada uno de mis alumnos durante los talleres vivenciales que he impartido.

La búsqueda del sentido de vida se manifiesta en cada sesión.

He visto cómo en cada paso se vive un avance en el proceso personal. Rostros nuevos se reflejan cuando el alumno encuentra la respuesta y al mismo tiempo autodescubre su potencial escondido a sus ojos hasta ese momento.

Estar en contacto con nuestra esencia es la única manera que nos permite ser lo mejor de nosotros mismos. Ésta es la única forma efectiva para vivir sin máscaras, es decir, totalmente libres.

El presente libro es una recopilación de vivencias y manifestaciones abiertas de un grupo de personas con la firme decisión de cambiar. Es todo un proceso de entrega confiada de emociones y sentimientos, acumulados durante más de veinte años por mi trabajo como conferencista y motivadora del Desarrollo Personal.

Espero sinceramente que el presente manual sea una guía de autoayuda para ti lector. Mi papel es y será el de proporcionarte con cada paso nuevas opciones frente a los problemas, y de esa manera, vencer juntos cualquier resistencia al cambio que se te pueda presentar.

Aun cuando cada paso parece sencillo, te sugiero que te des un tiempo programado de una semana para procesar y evaluar tus cambios personales.

Realiza cada actividad con atención y detenimiento, pues definitivamente necesitamos utilizar todos nuestros recursos para poder trascender más allá de nuestros instintos.

PRIMER PASO
primera semana
YO SOLO, YO SOLA

El conflicto está dentro de ti mismo.
No le temas a ningún enemigo exterior.
Véncete a ti mismo y el mundo quedará vencido.

SAN AGUSTÍN

La mayoría de los alumnos que inician un taller de Desarrollo Personal muestran gran inquietud por este tema. Pareciera que les resulta complicado sentirse felices estando solos. ¿Qué felicidad no va unido a tener éxito con la pareja?, preguntan algunos. Se sorprenden cuando les afirmo lo contrario. Para poder vivir felizmente en pareja, debemos saber vivir antes… "felizmente solos". Debemos saber disfrutar de nuestra soledad. Paladear los momentos de silencio personal y el dulce encuentro con nuestro "Yo interno".

Pero ¿cómo hacerlo? Te invito a dar el primer paso en tu camino de reencuentro con tu líder personal.

La transformación comienza de forma radical cuando tomas conciencia de que nadie acudirá a tu rescate. Cuando te permites afrontar tu responsabilidad sobre la forma en que has vivido hasta ahora. Es la responsabilidad íntegra sobre tus acciones, tus omisiones y desde luego, sobre tus elecciones.

Debo aclarar que ser responsable no significa ser receptor de culpas. Lo que yo te propongo es distinto. Se trata de ejercer tu papel de agente causal. Esto es, la aceptación de tu soledad básica y de la responsabilidad de lograr o no tus objetivos personales, en cualquier área de tu vida.

¿Cuándo fue la última vez que te preguntaste quién eres fuera del contexto de padre o madre, hijo, hermana, hermano, pareja, empleado, jefe?

Simplemente ¿quién eres?

Cuándo fue la última vez que dedicaste tiempo a conocerte y profundizar en tus raíces.

Toma tan sólo unos instantes de tu vida y realiza el siguiente ejercicio:

Material: tu cuaderno de trabajo, una pluma y por lo menos 10 fotos tuyas en diferentes momentos de tu vida.

A continuación narra brevemente la historia de tu vida. Si quieres puedes agregar detalles desde antes de tu nacimiento. Usa la imaginación, o mejor aún, pregunta a tu familia sobre esos recuerdos que te permitirán realizar tu historia de forma representativa.

Después tendrás que leer tu historia en voz alta y elegir un titulo que te agrade para la misma. Apóyate en la expresión que muestras en cada fotografía.

Título _____

_____
_____
_____
_____
_____
_____

Si es posible que grabes tu historia para escucharla atentamente sin distracciones, muchísimo mejor.
Ahora revisa el siguiente segmento y aplícalo a tu proceso personal.

Posiciones de vida

Revisa tu historia con las posibles posiciones existenciales que has tomado en el trayecto de tu vida. Éstas pueden ser:

Provocador: es aquella persona que busca **enfrentar la vida**, sin fluir en ella libremente. Para esta posición la vida representa una lucha continua y permanente. Se trata de perder o ganar. Pareciera que se va con la espada desenvainada, lista para atacar o defenderse. Suele parecer conflictiva. Su fuerza representa su seguridad personal.

Odia sentirse vulnerable en algunos momentos. Se encuentra en un estado de alerta incesante.

Su posición corporal refleja fortaleza, su pecho salido y sus brazos se impulsan hacía atrás. Por supuesto barbilla levantada (sienten que muestran confianza y seguridad).

Crítico: esta posición existencial muestra un ser en busca de la **perfección**. Es duro consigo mismo y con los demás. Quiere a toda costa resaltar y ser tomado en cuenta. Para ello critica todo acto personal de quien le rodea con la sensación de ser el redentor de la humanidad, a la cual observa con la intención de mejorar al universo. Por supuesto, esto resulta tremendamente agotador para todos los involucrados en la relación.

Su posición corporal es inclinada hacia adelante. Entrecejo fruncido, labios rígidos. Suelen tener problemas en la columna y en las extremidades.

Víctima: ésta resulta ser una posición bastante cómoda. **No asume su responsabilidad** sobre el transcurso de su vida. Si no ha sido feliz, siempre encuentra un justificante: la falta de dinero, oportunidades de trabajo, la pareja, el maltrato en su infancia, sus padres o la ausencia de los mismos, su divorcio, etcétera.

Actúa con parálisis emocional. Todo gira a su alrededor sin control de las circunstancias. En un principio genera compasión en los demás y deseos de protegerlo. Pero con el tiempo, surge el rechazo. Sus quejas son la causa principal de que todos lo evadan finalmente.

Su posición corporal es cohibida, bonachona, puede ser rellenita o muy delgada. Pero indiscutiblemente su cara refleja angustia. Sin olvidar la mirada suplicante.

No pasa nada: representa el **pensamiento positivo "falso"**. Nada le incomoda, nada lo sobresalta, no se quiere dar cuenta de sus circunstancias. Vive su vida como un cuento externo a su realidad. Pierde trabajo, termina con relaciones sin saber la razón, a todas luces es indiferente a lo que acontece en su vida.

Su posición corporal es relajada, pareciera que su cuerpo se expresara libremente, es gracioso en un principio, pero sólo en el principio, pues termina cansando a sus semejantes por su falta de seriedad y compromiso.

El maestro: esta última posición se logra al contactar **tu parte sabia**. El sujeto se encuentra en su centro: es consciente y profundamente conocedor de sí mismo. Interioriza cada acto y circunstancia. Se adapta fácilmente y transmite una profunda paz espiritual.

Su cuerpo se muestra en equilibrio, es ligero y armónico. Su rostro refleja paz y es muy discreto en todo, en sus movimientos y expresiones faciales.

Responde sinceramente ¿cuál de estas posiciones ha dominado el trayecto de tu historia personal?

_____

_____

_____

_____

Descubre quién controla tu vida. Y si se trata de una posición que no te parece la adecuada, infórmale que ya no la necesitas más, sobre todo si ésta representa un bloqueo personal que te impide ser feliz.

Escúchate a ti mismo y responde de inmediato, ¿qué podría pasar si decides cambiar la posición existencial que has tomado hasta ahora?

_____
_____
_____

¿Qué tendrías que hacer diferente?

_____
_____

La parte más emocionante de la actividad viene ahora. **Tú puedes reeditar tu historia.** Tú puedes darle un nuevo sentido a tu historia personal. Puedes vivirla nuevamente dándole un sentido de prosperidad y aprendizaje. Cambia, si es lo que deseas, la dirección que ha tomando tu vida.

¿Qué cambios deseas hacer? Anótalos en los siguientes renglones.

_____
_____
_____
_____
_____
_____

Te invito a tomar el papel de escritor de tu vida. Tú y solo tú tendrás, a partir de este momento, el control. Tú decidirás cómo reaccionar a las circunstancias y con qué posición existencial lo harás.

Martha, una brillante alumna del taller de Desarrollo Humano, expuso durante una de las sesiones su inquietud: dudaba si su marido le había sido infiel. Los hechos habían surgido casi veinte años atrás. Según ella, la duda la estaba matando. Narraba su historia con impresionantes detalles:

"En unas vacaciones que realizamos mi marido y yo con una pareja de amigos, decidimos compartir la habitación, pues eran de mucha confianza. Durante la primera noche, alrededor de la madrugada, me desperté cuando no sentí a mi esposo en la cama.

"Pude darme cuenta de que la luz del baño estaba encendida, por lo que al no encontrar a mi esposo, decidí llamar a la puerta. Mi compañero salió, completamente desnudo, y me parecía bastante agitado. Me indicó bruscamente que nos fuéramos de inmediato a dormir. Todavía desconcertada traté de abrir la puerta pero estaba con seguro y la luz seguía encendida.

"Fingí que me iría a acostar y mientras mi marido se dormía, pude ver cómo la esposa de nuestro amigo salía del baño desnuda. No hice ni dije nada. Me la pasé llorando toda la noche. A la mañana siguiente, mi marido me confesó que era sonámbulo.

"El caso es que en veinte años de matrimonio, nunca más le ha ocurrido algo semejante. La duda me sigue matando, porque él niega lo que vi. Yo quiero saber —preguntó al resto de los alumnos del taller, quienes escuchaban atentos— ¿qué piensan ustedes?"

El silencio en la sala duró algunos segundos. Definitivamente, Martha vivía una de las posiciones referidas y quería darles la responsabilidad a otros de constatar lo que sólo a ella le tocaba responder. Lo grave ya no era la supuesta infidelidad del marido, sino el matrimonio cargado de sufrimiento y de conflicto acumulado durante largo tiempo.

¿Qué posición existencial tomó Martha en su historia?

¿Qué posición tomó después del acontecimiento en relación con su vida matrimonial?

¿Qué posición tomó el esposo?

¿Qué consejo le darías a Martha?

¿Qué posición estás tomando al darle el consejo?

_____
_____
_____

Seguiremos con las actividades de autoexploración:

¿Por qué consideras que eres importante?

Anota, en **tres minutos**, por lo menos 10 razones. Por favor, es muy importante que tomes el tiempo exacto. Pues pensando sin cuestionarte, la respuesta suele ser autentica.

1. _____
2. _____
3. _____
4. _____
5. _____
6. _____
7. _____
8. _____
9. _____
10. _____

Escribe ahora veinte adjetivos calificativos que te describan, hazlo sin pensarlo mucho, lo más rápido que puedas.

1. _____
2. _____
3. _____
4. _____
5. _____
6. _____
7. _____
8. _____
9. _____
10. _____
11. _____
12. _____
13. _____
14. _____
15. _____
16. _____
17. _____
18. _____
19. _____
20. _____

Agrupa la lista de tus adjetivos y clasifícalos de la siguiente forma:

Positivos	Negativos	Neutros

Después de haber realizado tus actividades explorativas, y esperando que esto te permita reflexionar sobre el valor que te das a ti mismo, te pido que escribas cinco acciones que durante la próxima semana realizarás con el objetivo de mostrar el amor y respeto que tienes por tu persona:

1. _____
2. _____
3. _____
4. _____
5. _____

Descubrir la forma en que nos proyectamos facilita la comprensión de por qué actuamos de determinada forma.

Comprendernos es el camino del amor a nuestra persona. Y cuando alguien realmente se ama, está listo para relacionarse sanamente.

Sería interesante que pienses durante algunos minutos en la fuerza que te genera saber vivir solo o sola. Busca un lápiz y responde honestamente a las siguientes preguntas.

Estoy segura que si dedicas unos minutos meditando sobre ellas los resultados de este primer paso te parecerán muy reveladores.

Preguntas:

1. ¿Cómo te sientes en cada uno de los papeles que desempeñas?

   _____
   _____
   _____

2. ¿Cuáles son tus temores más grandes de estar solo?

   _____
   _____
   _____

3. ¿Qué miedos has logrado superar?

   _____
   _____

4. Si pudieras cambiar algo de tu vida y estuvieras seguro de que resultaría, ¿qué cambiarías?

_____

_____

_____

Ejercicio

Radiografía

Revisa las siguientes preguntas una a una detenidamente. Busca un lugar tranquilo donde nadie te interrumpa durante mínimo treinta minutos y medita en cada respuesta. Si realizas el ejercicio a conciencia te dará un claro reflejo de tu verdadero yo.

- ¿Cuáles son mis mayores fortalezas?
- ¿Qué disfruto hacer con todo el entusiasmo?
- ¿Qué detesto hacer?
- ¿Qué cualidades admiro en los demás?
- ¿En qué actividades invierto más tiempo?
- Si contara con todo el tiempo y dinero que requiero, ¿qué actividades haría?
- ¿Cómo es mi diálogo interno?
- ¿Qué necesidades identifico?
- ¿Qué tan satisfecho me encuentro de mi vida?
- ¿Qué me gustaría hacer de mi vida?

Responde a cada pregunta profundamente. Lo importante es lo que tú deseas.

De cada uno de nosotros depende la forma en que elegimos vivir. Ser dueños de nuestro destino y la clase de persona que soñamos ser, a partir de este momento depende de ti.

Solo, sola, acompañada, con pareja o sin ella, si cuentas con la única persona que jamás podrá abandonarte, es decir Tú mismo, has logrado cumplir el primer paso con excelencia.

Actividad de cierre de sesión

Repite todas las mañanas durante una semana:

"Yo soy importante y único.
He nacido para triunfar."

Para proponértelo:

- Sé responsable del cumplimiento de tus objetivos o metas personales.
- Sé responsable de tus decisiones.
- Sé responsable de tu forma de relacionarte con los demás.
- Sé responsable de tus elecciones, acciones y omisiones.

Risoterapia

Una pera está esperando su camión.
Viene una manzana y le pregunta:
—¿Hace mucho que espera?
A lo que ella contesta:
—Sí, desde que nací.

¡Sonríe!

Ejercicio de visualización

Toma una posición cómoda. Cierra tus ojos y visualiza un árbol, descríbelo mentalmente, paso a paso: las raíces, tronco, follaje, cada hoja, forma y color. Visualiza hasta fundirte con el elemento, hasta sentirte árbol completamente.

Este ejercicio no sólo te libera del estrés, sino que facilita tu proceso de comunicación interna.

Anota brevemente un compromiso personal que decidas cumplir durante la presente semana, reforzando lo visto en el primer paso:

SEGUNDO PASO
segunda semana
INVENTARIO PERSONAL

Tú eres el único responsable de las decisiones que tomas a cada momento, y ser feliz también es una elección.

Los seres humanos tenemos un mecanismo que nos permite sentir únicamente aquel dolor que podemos tolerar. Cuando nuestro dolor es intenso, lo guardamos en nuestra zona de oscuridad mental, hasta ese momento en que estemos listos para afrontarlo. Es nuestra sabiduría interna quien decide inconscientemente esperar a contar con los recursos personales necesarios para hacerlo. A este momento se le llama "El despertar".

¿Tienes el valor de realizar el esperado viaje hacía tu interior?

Llegó el momento. Date cuenta que has tratado de resolver tu vida adulta desde la inconsciencia. Dejemos atrás los "cómo **debo** vivir" y comienza a decidir. ¿Cómo **quieres** vivir?

Para poder sobrevivir, hasta el momento has utilizado una o varias máscaras que ocultan una montaña de sentimientos. Quitarnos la máscara da miedo, porque llegamos a convencernos de que a los demás no les vamos a gustar. Se nos olvida que ni siquiera les hemos permitido conocernos. Al quitarte la máscara experimentarás cercanía. Explícame cómo puede amarnos alguien sin conocernos. Al amarnos nosotros mismos, recuperamos nuestro poder personal, y comenzamos en ese momento a asumir la responsabilidad por las buenas y no tan buenas cosas que nos suceden.

Llevamos a cuesta una carga de necesidades insatisfechas desde nuestra infancia. Esas necesidades terminan por controlarnos y no nos dejan en libertad de ser quienes queremos ser, y así satisfacer nosotros mismos esas necesidades y volvernos **libres**.

Vamos a realizar con el siguiente ejercicio una autopsia de nuestra vida.

Cuando eras pequeño

¿Te permitieron llorar libremente?

¿Te permitieron jugar sin reproches?

¿Te permitieron equivocarte sin críticas?

¿Te permitieron expresar tu enojo sin culpa?

¿Te animaron a ser independiente sin búsqueda de aprobación?

¿Estimularon la creatividad en tu escuela sin asombro?

¿Enfrentaste problemas por pensar diferente?

¿Te enseñaron que dar es mejor que recibir y jamás lo cuestionaste?

Ahora que eres adulto

¿Puedes aceptar cuando una relación llega a su fin?

¿Analizas los porqués de cada situación que no funciona?

¿Estás aprendiendo a vivir solo o sola?

¿Buscas pretextos para no enfrentar una situación?

¿Puedes controlar tus deseos?

¿Puedes dominar tu ira?

¿Sabes manejar tu tristeza?

Qué bueno es darte cuenta de tus heridas emocionales y buscar restaurarlas, dejando de castigarte y de excluirte tú mismo.

Uno de los mayores problemas que he visto con intensa magnitud es el desconocimiento de nuestras necesidades.

Resulta muy útil estar más alerta a lo que necesitamos para satisfacerlo adecuadamente, sin esperar pasivamente que otros lo hagan por ti.

Revisa una a una cada etapa, y anota un acontecimiento o recuerdo significativo que te permita observar la calidad de vida que has tenido, tomando como antecedente las respuestas a las preguntas anteriores.

Edad	Acontecimiento o recuerdo
De 0 a 3 años	
De 4 a 7 años	
De 8 a 11 años	
De 12 a 15 años	
De 16 a 20 años	
De 21 a 25 años	
De 26 a 30 años	

De 31 a 40 años	————————————
De 42 a 50 años	————————————
De 51 a 60 años	————————————
Más de 61 años	————————————

Hemos revisado cómo has vivido. Ahora decide cómo vivirás el resto de tu vida. Date cuenta que esta decisión depende sólo de ti.

Responde brevemente

¿Crees que piensas por ti mismo?

¿Te encuentras esclavizado a tus necesidades de aprobación?

¿Estás comprometido con la clase de vida que deseas?

Cuando percibimos la vida de un modo incorrecto, la vida se vuelve incontrolable. Cuando se viven situaciones desagradables, lo que procede es aceptarlas y seguir adelante. Cuando no nos gusta lo que sucede, debemos cambiarlo si está dentro de nuestras posibilidades, y si no es posible cambiarlo, debemos dejarlo atrás. Esto no implica olvidarlo, sino aprender la lección y después soltar la experiencia del dolor. El amor a nosotros mismos nos permitirá mirar hacia fuera y encontrar nuevas y diferentes alternativas.

¿Cómo vives?

Si la forma en que vives es verdaderamente como deseas hacerlo, lo lógico es que sigas así. Pero si tu vida no es lo que quieres, recuerda que nadie te obliga a hacerlo. **Tú vives como decides hacerlo cada día.** Si asumes la responsabilidad de tu vida puedes corregir las cosas. Pero no lo harás si sólo te culpas, te eximes de tu responsabilidad y terminas con miedo a descubrirte solapando tus fracasos personales por no tomar las riendas de tu vida, y el precio que se paga por ello es demasiado alto.

Para comprenderte a ti mismo

Es difícil entender por qué algunas personas eligen permanecer en situaciones que les causan infelicidad. El ejemplo de Patricia lo muestra claramente: una mujer joven, inteligente y brillante que fue obligada por sus padres a casarse a los catorce años, pues según sus argumentos había cometido el terrible error de embarazarse. Su novio, un adolescente también, al no poder con la responsabilidad, buscó un escape en las drogas.

Patricia le confesó a su madre el infierno que vivía, quien le aconsejó que siguiera tolerando en silencio, pues ser una madre divorciada era una mala influencia para sus dos hermanas menores.

A escondidas de sus padres, y con el apoyo de una de sus tías, comenzó a estudiar la secundaria. Pero el entusiasmo le duró muy poco. Fue descubierta por su marido y después de una tremenda golpiza terminó abandonándola.

Fue la madre de Patricia quien la trajo al taller. Se sentía culpable y a la vez avergonzada de que ahora su hija de diecisiete años fuera una madre soltera. Patricia no sólo terminó el taller, sino que regresó a su escuela y al mismo tiempo, comenzó a trabajar en una buena guardería, y con serias dificultades siguió adelante en su nuevo proyecto de vida.

Ella piensa que jamás tendrá la aceptación de su madre por su elección, pero ahora el rostro de Patricia refleja el coraje y el valor de salir adelante, independientemente de las circunstancias que se lo impedían.

¿Qué no está funcionando bien en tu vida en este momento?

¿Qué pasos debes dar para cambiar tu situación actual?

Elimina la imagen negativa que puedas tener de ti mismo. Las personas inseguras se encuentran vulnerables a la crítica de los demás todo el tiempo. Recuerda que el miedo al fracaso se remonta a nuestra infancia, ¿seré capaz? Las personas encargadas de la educación nos critican demasiado. Sumado esto a las expectativas elevadas, indiferencia y malas caras, el panorama se torna difícil.

Es importante resaltar: **en el fondo sólo existen dos tipos de fracaso: no aprender de los errores y no intentarlo nuevamente.**

Aunque te parezca extraño, siempre terminamos consiguiendo lo que buscamos con nuestros pensamientos, acciones y omisiones.

Pero sigamos revisando tu inventario personal.

A continuación realiza tu horario de actividades. Revisa qué es lo que haces cada día.

Descubre mediante ejercicio la forma en que distribuyes tu energía personal.

¿En qué empleas tu tiempo?

Hora	Lunes	Martes	Miércoles	Jueves
6:00				
7:00				
8:00				

Hora				
9:00				
10:00				
11:00				
12:00				
13:00				
14:00				
15:00				
16:00				
17:00				
18:00				
19:00				
20:00				
21:00				
22:00				
23:00				

Hora	Viernes	Sábado	Domingo
6:00			
7:00			

8:00			
9:00			
10:00			
11:00			
12:00			
13:00			
14:00			
15:00			
16:00			
17:00			
18:00			
19:00			
20:00			
21:00			
22:00			
23:00			

Si no te gustan las actividades y la forma en que empleas tu tiempo, sé creativo y cambia, cambia, ¡CAMBIA!

Ejercicio

Quisiera compartir contigo un ejercicio que hemos realizado en muchos talleres. Ayuda especialmente en nuestra búsqueda interna. Yo lo hago frecuentemente y lo disfruto cada día más.

Para comenzar, busca un lugar confortable. Cierra tus ojos y simplemente comienza a relajarte. Respira profundamente. Retén la respiración y cuenta hasta diez. Ahora exhala.

Al inhalar coloca la mano sobre tu abdomen y observa cómo se infla como si fuera un globo. Al exhalar hazlo con fuerza emitiendo un sonido, puede ser el sonido de una vocal, pero cualquiera que sea está bien.

Repite este ejercicio tres veces más.

Visualízate caminando en un paisaje de tu agrado, puede ser una playa o un bosque, tú elige. De pronto y de una manera extraña aparece una pantalla gigantesca en medio del paisaje, similar a la que hay en los cines. Justo cuando estás frente a ella se enciende y comienzan a surgir diferentes imágenes de tu vida. Incluye todo lo que te gusta y no te gusta de ti personalmente. Ahora que puedes ver la escena desde afuera puedes entrar a la pantalla y decirle a ese personaje principal, que eres tú mismo, cómo debe actuar en la situación que observas. Recuerda que estás en posición de cambiar todo lo que no te gusta, con sólo quererlo.

Ahora imagina que cambias en tu personaje inseguridades, problemas, resentimientos, frustraciones, deseos no cumplidos. Sal nuevamente de la pantalla y pide que se repita la escena con los cambios que sugeriste. A medida que avanza la escena, sientes gran satisfacción y admiración por ti mismo. Se apaga la pantalla lentamente. Comienzas a caminar. Te sientes feliz, disfrutando de tu compañía. Abre los ojos, regresa al aquí y ahora. Fija esta imagen placentera de triunfo en tu mente. Observa el poder que tienes de cambiar tu vida, el poder que tienes de darte a ti mismo felicidad o rabia. Lo has visto, los pensamientos positivos relajan tu respiración y tu cuerpo, los negativos lo enferman y estresan. Tú eliges.

- ¿Cómo está tu vida?
- ¿Cómo te sientes al ver la escena?
- ¿Qué partes volverías a filmar con gusto?
- ¿Qué nuevo sentido le darías a tu argumento?

Revisar cómo elegimos vivir nuestra vida puede resultar bastante confrontativo. Tú eliges. De ti depende.

En este paso has recorrido desde la forma en que manejas tu tiempo hasta la forma en que has enfrentado cada etapa de tu vida, sin dejar de reconocer que tienes la capacidad de dirigir tu vida y dar instrucciones al personaje principal que eres tú mismo. Espero que hayas retomado el poder personal de dirigir paso a paso tu destino.

No muchas personas pueden darse tiempo de revisar minuciosamente su vida. Te felicito por involucrarte con todo tu ser.

He descubierto en mis alumnos la satisfacción que les representa tener tanto poder sobre su vida, poder que antes ignoraban. Pero que quede claro: el poder es sobre tu experiencia de vida, es decir, sobre la forma en que eliges vivir cada una de las experiencias que te son permitidas.

A partir de este segundo paso quiero sugerirte la experiencia de llevar un diario personal, en el cual quedarán registrados todos y cada uno de los momentos significativos. Con el paso del tiempo podrás comprender el sentido que das a cada acontecimiento.

En lo personal, acostumbro iniciar mi registro del día comentando cómo me siento. Después anoto mi experiencia y finalmente me sugiero una forma de manejar la situación.

El segundo paso te invita a buscar nuevas formas de reencontrarte contigo mismo.

Espero que disfrutes, como yo, esta experiencia.

¡Ánimo, que estamos comenzando! Detenernos en el camino es bueno para revisar y tener claro a dónde dirigir nuestra vista. A toda búsqueda responde un encuentro.

Actividad de cierre de sesión

Repite todas las mañanas durante una semana:

"Yo elijo vivir felizmente a partir de este instante".

Para proponértelo:

- Sé responsable de tu triunfo o fracaso.
- Sé responsable de ejercer el derecho de elegir tu forma de vida.
- Sé responsable de reconocer tus debilidades.
- Sé responsable de romper con tu rutina diaria.

Risoterapia

Un indigente le dice a otro:
—Hermano, otra vez me dieron ganas de viajar a Europa.
Y el otro le contesta:
—¿Es que ya has ido?
—¡No, pero otra vez me dieron ganas!

¡Sonríe!

Anota brevemente un compromiso personal que decidas cumplir durante la presente semana, reforzando lo visto en el segundo paso:

TERCER PASO
tercera semana
RECUPERANDO MI YO REAL

*Si no puedes verte a ti mismo con amor,
no podrás hacerlo jamás con los que te rodean.*

¿Qué tanto te amas a ti mismo? ¿Te amas a ti mismo sin tener que demostrar nada a los demás? Tu autoestima no se debilita por la desaprobación o discordia con los otros. ¿Te has olvidado de ti mismo? ¿Has puesto sobre un pedestal para ser admirada a otra persona?

Una persona auténtica se acepta a sí misma y a los demás tal y como son. No le interesa cambiarlos o convencerlos de un cambio.

El paso más importante es poder estar con uno mismo, condición indispensable para aprender a amarnos y poder amar a los demás.

Ejercicio

En el siguiente dibujo (donde te encuentras representado al centro) señala qué cosas no permites por ningún motivo en relación con las personas que te rodean.

Ejemplo: que me griten, que me ofendan, que duden de mi palabra, etcétera.

```
┌─────────┐                    ╱‾‾‾‾‾‾╲
│ Límites │──────────────▶    (   YO   )
└─────────┘                    ╲_____╱
```

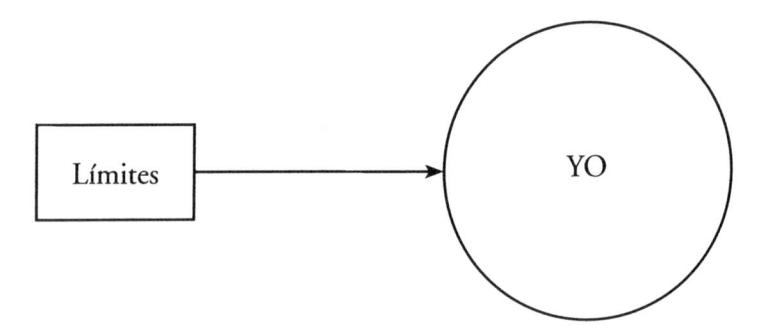

Lo que acabas de marcar es tu espacio personal de tolerancia. Algunas personas no permiten gritos u ofensas, otras permiten golpes, infidelidades. Cada persona cuenta con un espacio vital diferente.

Escribe los nombres de las personas que han sido importantes para ti y que te han parecido significativas en tu niñez:

_____
_____
_____

Señala las violaciones a tus límites emocionales o físicos que has recibido de estas personas:

_____
_____
_____

Examina ahora la relación con las personas que dependen de ti. ¿Estás buscando el amor y aprobación de tus padres?

_____
_____
_____

Después de analizar tus respuestas detenidamente, es importante resaltar que existen dos llaves esenciales para la puerta de tu salud mental:

1. Conocerte.
2. Amarte.

Si has llegado a creer que trabajar en tu proceso es una pérdida de tiempo, te invito a que descubras las formidables ventajas de hacerlo por ti mismo.

Primero: tendrás mayor control en tus respuestas a los acontecimientos de tu vida. Éstas dejarán de ser desbordantes o impulsivas.

Segundo: utilizarás mejor tú tiempo.

Y por último: darás salida al complejo y a la culpa, lo que te permitirá cuidar mejor de ti mismo.

Pero conozcamos más de ti. Ahora responde brevemente en los siguientes renglones:

¿Cómo eres en tu papel de madre, padre?

_____
_____
_____

¿Cómo eres en tu papel de hijo(a)?

_____
_____
_____

¿Cómo eres en tu papel profesional o de trabajo?

_____
_____
_____

¿Cuáles consideras tus valores representativos?

_____
_____
_____

¿Qué piensas que los demás opinan de ti?

_____
_____
_____

¿Cuáles son las debilidades que deseas ocultar a toda costa?

_____
_____
_____

¿Cómo te sientes en este momento de tu vida con tus respuestas?

_____
_____
_____

Trata de entenderte

En los siguientes cuadros realiza un dibujo representativo de cómo te visualizas en cada segmento de vida y tiempo.

Pasado

Presente

Futuro

¿Qué emociones percibes en el cuerpo al ver tus dibujos?

_____
_____
_____

Ahora escribe una frase clave para cada segmento, relacionándola con tu dibujo del:

Pasado

_____
_____
_____

Presente

_____
_____
_____

Futuro

_____
_____
_____

Observa cuál es el tipo de conducta que has elegido para cada etapa de tu vida.

Tipos de conducta

Existen diversas descripciones de la conducta humana. Lee con atención y obsérvate a la vez:

Conducta agresiva: utilizan un tono de voz grave, suelen ser cortantes, dominantes, les gusta disponer de la vida de los demás. Suelen ser controladores. Impera su opinión sobre la de los otros. Ofenden, gritan y amenazan. Invaden el espacio físico de los demás sin darse cuenta. Les gusta provocar temor. Lo disfrutan, aun cuando no lo reconocen abiertamente.

Conducta pasiva: permiten que los demás tomen sus decisiones, viven con miedo todo el tiempo. Pareciera que esperan quien tome el control de sus actos. Se sienten invisibles ante los demás. Se muestran agradecidos ante la compasión.

El miedo es la emoción predominante en su vida. Suelen pasar del llanto al grito infantil reclamando impulsivamente.

Conducta asertiva: controlan su mente. Lo que es de su vida depende de sí mismos. Saben que no pueden controlar las cosas que suceden, pero que sí pueden controlar su pensamiento. Se aceptan sin conformarse. Si pueden ser mejores, lo reconocen.

¿Qué tipo de conducta predomina en este momento de tu vida?

_____

_____

_____

Cómo imagino que buscarás una conducta asertiva en tu vida a partir de este momento. A continuación te señalo algunas ideas para aplicar.

Sugerencias para lograr una conducta asertiva

- **Busca estar en paz y armonía.** Te sugiero la práctica de la meditación o relajación diaria. Invierte de 10 a 15 minutos al día para relajar tu mente. Acompáñate de música suave, busca un lugar de tranquilidad y silencio, ropa cómoda y ¡listo! Comienza frotando las palmas de tus manos suavemente (si es posible utiliza un aceite esencial relajante, puede ser cedro, geranio, naranja, todos son excelentes para disminuir el estrés del día.) Enseguida coloca las palmas de tus manos sobre la cabeza. Comenzarás a sentir un cosquilleo entre tus palmas y la parte alta de tu cabeza. Ve recorriendo con los ojos cerrados y con tus palmas abiertas: tus ojos, nariz, boca, cuello, hombros, pecho, ombligo, cadera, rodillas, tobillos y planta de los pies. Inhala lentamente. Retén el aire y pausadamente exhala.

  Quédate en silencio escuchando la música de cinco a diez minutos.

  No te preocupes si sientes ansiedad al estar en silencio. Sé constante y ¡sorpréndete de los resultados!

  Puedes acompañar la meditación con una toma de flores de Bach. Mi preferida es "Manzano silvestre" para reforzar la relajación. Las consigues en cualquier tienda naturista. Disuelve 4 gotas en medio vaso de agua. Puedes tomarlo antes o después de la meditación.

- **Sé paciente.** La paciencia es la ciencia de la paz. Consiste en saber esperar. Evita precipitarte en la toma de decisiones. Si no sabes cómo actuar, es mejor esperar y escuchar tu voz interna antes de responder a las circunstancias. Esto te evita decepciones.

- Conserva y promueve un buen sentido del humor. Sonríe, una sonrisa puede no cambiar la situación, pero el simple gesto relaja tu mente y permite que fluyan mejores respuestas.
- Controla tu temperamento. No actúes instintivamente. La relajación te facilitará este proceso.

Ahora sólo acepta la responsabilidad de tus acciones. Si hay algo que modificar, éste es el momento. Hazlo.

A continuación te presento un ejercicio para sentir y pensar al mismo tiempo.

Ejercicio de reconocimiento

Completa, sin pensarlo mucho, los siguientes enunciados tomando en cuenta los resultados de las actividades realizadas en este capítulo.

Yo siempre _____

Yo nunca _____

Yo debería _____

Para ello, yo tendría que

_____

_____

_____

Yo decido que a partir de hoy

_____

_____

_____

El mostrarnos tal y como somos nos permite sentirnos auténticos y satisfechos con nuestros actos. El perdernos ocultando quiénes somos nos desvaloriza y aleja de nuestro centro personal.

Jorge era un alumno de cuarenta y cinco años, vivía emocionado con su trabajo, su imagen de éxito encandilaba a cualquiera. Una mañana habló desesperado a mi oficina: "No sé quién soy, he perdido interés por mi vida. No sé si los demás están conmigo sólo por interés". Se veía realmente triste, pero dispuesto a reencontrarse. Esa mañana Jorge expresó con profundo dolor el precio tan alto que tuvo que pagar por olvidarse de sí mismo.

El miedo lo invadía. Dudaba de que su esposa y sus hijos lo amaran después de descubrir lo vulnerable que se sentía en ese momento.

Jorge trabajó intensamente cada ejercicio. Se reencontró consigo mismo y comenzó una nueva etapa con sus seres queridos, desde una dimensión de su personalidad. Decidió ser auténtico y lo disfrutó intensamente.

Después de hacer los ejercicios propuestos en este capítulo, descubrirás que tendrás más agrado de sentarte a meditar y reflexionar sobre ti mismo. Si ello se hace un hábito, "te felicito".

Recuerda que tu objetivo en este paso es recuperar tu esencia.

Es tiempo ahora de comprometerte con tu proceso personal. Es tu derecho responder al reto. Es hora de transformar tu sueño en acción.

Actividad de cierre de sesión

Repite todas las mañanas durante una semana:

"Yo soy yo y me acepto, me contemplo, me amo y me admiro profundamente a partir de este momento".

Para proponértelo:

- Sé responsable de satisfacer tus necesidades personales.
- Sé responsable de ejercer una conducta asertiva en tu vida.
- Sé responsable de reconocer cuando actúas pasiva o agresivamente.
- Sé responsable de amarte profundamente y sin medida.

Risoterapia

Un hombre se esté bañando:
—María, ¿dónde está el champú?
—Ahí delante de ti...
—Pero es que ese champú dice que es para cabello seco y yo lo tengo mojado.

¡Sonríe!

Anota brevemente un compromiso personal que decidas cumplir durante la presente semana, reforzando lo visto en el tercer paso:

CUARTO PASO
cuarta semana
LA RED DE MI COMUNICACIÓN

> *Antes de hablar, piensa lo que vas a decir;*
> *la lengua, en muchos, precede a la reflexión.*
>
> Sócrates

Por la comunicación llegamos a conocernos. La comunicación implica escuchar más allá del mensaje. Nuestras metas en la comunicación serán a partir de hoy:

- Expresar tus emociones y pensamientos sin aferrarte a determinados resultados.
- Recibir mensajes sin juzgar al que los expresa.
- Buscar a través de la comunicación la unión, sin invadir a la otra persona.
- Invitar, sin exigir que se comparta tu punto de vista de forma exclusiva.
- Evitar manipular o hacer sentir culpable a los demás a través de tu mensaje.
- Ayudar a los demás sin anularlos o pedirles algo a cambio.

La comunicación más importante es con nosotros mismos, así como la comunicación más adecuada para todo ser humano será aquélla que le permita ser el mismo de forma auténtica, sin máscaras que oculten su esencia. Aquella comunicación que te dé la libertad de ser quien eres, en lugar de quien piensas que deberías ser. La libertad de decir exactamente lo que deseas expresar sin ningún miedo a las reacciones de los demás. La libertad de escuchar a los otros con su esencia y no como quisieras que te hablaran.

¡Cómo nos complicamos la vida! ¡Cómo nos negamos el gozo de ser tal y cómo somos, libres y sin ninguna atadura!

¿No crees que ya es tiempo de hacer un alto y revisar nuestra forma de comunicarnos?

¿Cómo te comunicas?

Todo ser humano necesita nutrirse de estímulos. Ello ocurre de forma inconsciente, es decir, estamos hambrientos de reconocimiento.

Ésta es una premisa que jamás debemos olvidar: nuestra necesidad de reconocimiento deberá nutrirse por nosotros mismos, en la etapa adulta, pues ya no dependemos de figuras de autoridad que lo tengan que hacer por nosotros.

Dicha información también puede ser tomada en cuenta en el momento que pretendemos dar un mensaje al receptor. La serie de intercambio de estímulos dependerá del papel que representamos, ya sea como adulto protector, adulto crítico, adulto sumiso, adulto rebelde o adulto sabio.

Distingamos los papeles específicamente. La teoría del Análisis Transaccional nos muestra comportamientos típicos en las relaciones humanas. A continuación te muestro una adaptación de los mismos:

Adulto protector. Es aquél que busca cuidar y complacer a los demás siempre. Encuentra una justificación a las debilidades y errores de los otros. Permite cierta invasión de sus límites naturales con actitud de "Lo hago por ti" "¡Mira cómo me sacrifico!"

Frases que utiliza: "No te preocupes", "Todo estará bien", "Yo espero que tú lo hagas", "Confío en ti", "A la otra saldrá mejor", "No me dolió tanto", etcétera.

Adulto crítico. Suele ver el hilo negro en todo lo que se hace. Por supuesto, siempre hay algo que mejorar ante sus ojos. Gusta de ser tomado en cuenta. Disfruta la sensación de autoridad que los demás inconscientemente le otorgan aceptando o tolerando sus críticas.

Frases que utiliza: "Te lo dije", "Ya me lo esperaba", "Otra vez", "Por qué no entiendes", "¿Qué tengo que hacerlo todo yo mismo?", "Jamás lo lograrás", "Tú no sabes", entre otras.

Adulto sumiso. Suele vivir dependiendo de otros. Se convierte en una carga. No hace nada por salir de sus problemas. Suplica afecto. Es encantadoramente dependiente en un principio, después resulta insoportable cargar con sus miedos.

Frases que utiliza: "No sé", "No puedo", "Si tan sólo", "Cómo desearía", "Tú qué harías en mi lugar", "Si pudiera", "Es tan difícil", etcétera.

Adulto rebelde. Parece siempre estar buscando pelea. Nada le parece. Le gusta luchar, pareciera defender límites. No se aguanta ni él sólo. Se opone a cualquier argumento. Se siente cansado de su lucha interminable contra la injusticia.

Frases que utiliza: "Tú qué", "Qué me ves", "Nadie se mete conmigo", "El que me la hace... la paga", "Cuando tu vas yo vengo", "A mi nadie...", etcétera.

Adulto coherente. Es coherente entre lo que piensa, siente y dice. Manifiesta su opinión sin buscar imponerla sobre los otros. Escucha mucho. Habla poco. Cuando comunica lo hace con respeto. Es celoso de su libertad y espacio personal. Asimismo, respeta la opinión y espacio de los demás.

Frases que utiliza: "¿Cómo te sientes?", "¿Quisieras saber qué pienso al respecto?", "Todo fluye", "Todo pasa", "Es mejor vivir sin apegos", "Disfruto el silencio", "Qué bueno tenerte cerca", "Qué bueno que decides irte", etcétera.

¿En cuáles de los papeles de adulto piensas que te expresas?

_____

_____

Pregunta a una persona, que no sea tu familiar, en qué forma o rasgo de adulto te identifica. Pídele que sea directo, y explícale que estás haciendo un proceso de búsqueda personal.

_____

_____

Repite el proceso con otra persona y anota su respuesta:

_____

_____

Además de los papeles o máscaras utilizamos también trucos.

Los trucos en la comunicación no son más que formas cubiertas de manipular a los otros.

Los trucos en la comunicación ayudan a pasar el tiempo de una manera negativa.

Tipos de trucos que vician la comunicación

Mira cómo estoy sufriendo. La persona que lo juega se la pasa ostentando su dolor. Aun cuando busques ofrecerle alternativas de solución, las desecha inmediatamente. Es cuando comienzas a darte cuenta de que no desea ningún cambio en la situación.

Habla tú por mí. Este juego invita a la persona que lo escucha a involucrarse en el problema a tal grado, que se siente comprometido a exponer a nombre del otro sus razones. **Habla tú por mí** confronta al receptor involucrado con la situación a salir en defensa y exponer las razones como propias, cuando en realidad son de quién lo manipula.

Mira cómo me esfuerzo. Se llena de ocupaciones desbordantes y después se queja de la falta de tiempo para realizar sus cosas personales. Disfruta quejarse y no tener tiempo. Sin darse cuenta, maneja una imagen de exceso de funciones y ocupaciones.

Te caché. Primero te permite actuar relajadamente pero, poco a poco, eleva la tensión y cuando dejas salir información comprometedora, te censura y castiga. El receptor termina sintiéndose siempre culpable, lo que lo hace vulnerable a la manipulación del que transmite el mensaje.

Todos estos trucos manejan la manipulación y la culpa como estandartes oficiales. Es sumamente importante darnos cuenta de la situación y alejarnos de la actitud de manipular las respuestas, con tremendo riesgo de quedarnos solos.

La comunicación debe ser la oportunidad de darnos a los demás y de recibir información de los otros que permita nutrir la relación y, desde luego, hacerla más cercana.

Te invito a que profundices un poco más en tu comunicación con el siguiente ejercicio.

Ejercicio

En el siguiente dibujo, anota en cada dedo una cualidad que como comunicador descubras en tu personalidad.

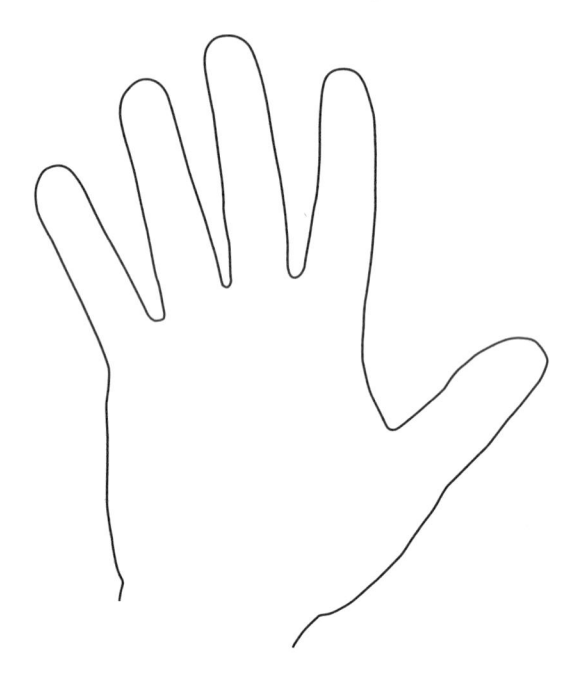

Con otro color de tinta anota en cada dedo un defecto que como comunicador reconozcas.

En el siguiente espacio anota tres cambios que decides hacer para lograr una mejor comunicación:

1. _____
2. _____
3. _____

Es importante resaltar que la comunicación involucra aspectos conductuales y por ende psicológicos. El siguiente esquema representa tu proceso de comunicación:

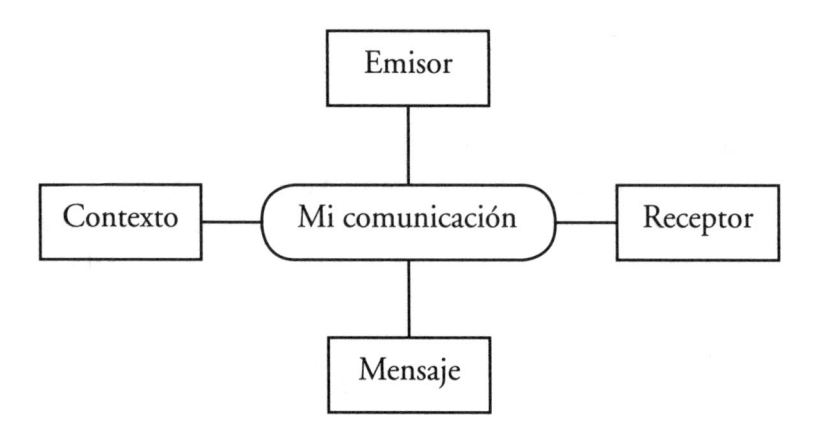

```
                    ┌─────────┐
                    │ Emisor  │
                    └────┬────┘
                         │
┌──────────┐    ┌────────┴────────┐    ┌──────────┐
│ Contexto │────│ Mi comunicación │────│ Receptor │
└──────────┘    └────────┬────────┘    └──────────┘
                         │
                    ┌────┴────┐
                    │ Mensaje │
                    └─────────┘
```

El emisor, dentro del desarrollo humano, tiene la responsabilidad de cuidar la forma de transmitir su mensaje: las palabras que elige, su tono de voz y el momento, sin olvidar su lenguaje corporal. En diversas ocasiones el emisor se molesta por la respuesta. A eso se une su intención, es decir, cuando buscamos exclusivamente una respuesta específica, olvidándonos del respeto a la capacidad del otro para sorprendernos con su respuesta.

El receptor tiene la responsabilidad de percibir el mensaje lo más puro posible, sin juicios, o agregando o disminuyendo su sentido, no dejándose influenciar por su estado emocional, ni por las expectativas depositadas en el emisor.

El mensaje debe poseer las siguientes características:
Claridad: lo más cercano posible a tu pensamiento y las emociones que se implican.
Coherencia: relación entre la persona que lo expresa y el mensaje mismo.
Sinceridad: no encubrir aspecto alguno. Mostrar sin miedo el sentido mismo del mensaje.

Contexto: considero que de cuidarse tiempo y forma se evitarán muchos problemas. Mi momento para expresar un problema puede no ser el del otro. Me explico: puedo estar preparado para decir lo que en determinado momento me molesta, pero eso no implica que el receptor esté preparado para escucharme. Puede estar tenso, molesto o nervioso por circunstancias ajenas a mí, o el lugar podría no ser el más adecuado para una charla cómoda y honesta.

Muchos alumnos, después de la explicación, me han contestado: "pero Blanca, si cuido todos esos aspectos que me dices… será muy poco lo que hable".
No se trata sólo de hablar poco, sino de saber lo que se dice y el efecto que genera. Si lo que diré me acerca o me aleja de mi receptor y, por supuesto, ante todo si estoy dispuesto a asumir las consecuencias.

Ejercicio

Cierra los ojos y recuerda el tipo de mensajes que recibiste en tu niñez:

Palabras positivas que me dijeron:

_____
_____
_____

Palabras negativas que me dijeron:

_____
_____
_____

Enumera a continuación cada miembro de tu familia y señala enseguida de su nombre las razones por las cuales te muestras agradecido:

_____
_____
_____
_____
_____
_____
_____

Es importante que busques maneras cada vez más asertivas de comunicarte con las personas que te rodean.

Paola es una joven de diecisiete años. Sus padres la trajeron al taller pues hacía más de dos semanas que no expresaba palabra alguna. Durante los primeros minutos de la sesión sólo respondía a mis preguntas con muecas de agrado o desagrado. Hubo un momento en que decidí guardar silencio, busqué tomar su posición corporal y tratar de sentir lo que Paola sentía. La rigidez de su cuerpo y la tensión en su rostro me hablaban de enojo, así que decidí sentir como ella para abrir la comunicación.

Funcionó después de unos segundos, Paola comenzó a hablar sobre lo molesta que estaba con sus padres por no darle importancia a sus sueños. Paola quería ser bailarina y cada vez que lo mencionaba sus padres se burlaban. Cuando trabajamos en familia, grande fue la sorpresa de Paola, pues sus padres no se habían dado cuenta de ello, y Paola tampoco se los había hecho saber.

Cuántos problemas evitaríamos si cuidáramos más nuestros mensajes y antes de hablar intentáramos empatizar.

Toma en cuenta las palabras:
Las palabras son las herramientas más importantes
para el contacto si se emplean de una manera consciente.
Es importante aprender a utilizar las palabras
en provecho de nuestra comunicación.
Las palabras tienen poder. Escucha lo que dices,
observa si realmente estás diciendo lo que quieres decir.
De esto te darás cuenta por sus efectos directos
en tu relación con los demás.

Mapa para el establecimiento de contacto

Hasta el momento hemos enfatizado la importancia de comunicarnos adecuadamente. Enseguida te muestro lo que yo llamo el mapa de Contacto; me ha sido muy útil en mis sesiones. Espero que también a ti te sirva.

El mapa se integra por los siguientes elementos:

a) **Invitación**. Debo decirte algo. ¿Estás dispuesto a escucharme? ¿Tienes tiempo ahora?
Colócate en una posición tal que permita el contacto visual. Entonces pregúntate si estás preparado para asumir el riesgo.
Exprésate siempre en primera persona: "Estoy enojado", en vez de "Tú hiciste que me enojara".
Realiza preguntas para obtener información antes de emitir cualquier juicio.

b) **Acompañamiento**. Para mí la comunicación es como un baile. Cuando un alumno entra a mi oficina me divierto imaginando si el alumno viene bailando un rock and roll, tango, chachachá, rock pesado, banda, y lo que hago es acompañar su ritmo. Es como buscar hablar en su idioma. Inténtalo, es muy enriquecedor.

c) **Considera todas las dificultades como oportunidades para crear algo nuevo.** Hace tiempo llegó a mi oficina una madre angustiada con su pequeña de seis años a la que llamaremos Frida. La madre, con voz desesperada, me narraba la situación: "La maestra me ha pedido que le traiga a mi pequeña, pues tiene dos días que dibuja sus trabajos de negro, y a la maestra y a mí nos angustia el significado que esto pueda tener". Frida entró a mi oficina y comenzamos a trabajar; después de unos minutos de observar cómo se desarrollaba con naturalidad en la sesión, le hice la pregunta más sencilla: ¿por qué no usaba en la escuela otros colores además del negro? La respuesta fue espontánea y divertida... "Perdí todos los demás colores". Terminamos la sesión. La madre no podía creer los resultados. A ninguno de los adultos que rodeaban a la pequeña se le ocurrió preguntar algo tan simple.

Creo que es grave la falta de comunicación en muchas familias.

Técnicas para mejorar tu comunicación

Sincronización. Es un procedimiento que vincula lo consciente con el subconsciente. Es como si mostráramos un espejo para que el otro se identifique claramente. Cuando nosotros sincronizamos, afinamos nuestra capacidad de escuchar. Nos permite provocar que el otro sea más espontáneo.

Forma. Se trata de repetir sin imitar, con mucha delicadeza, un movimiento de nuestro receptor; es decir, un rasgo de su lenguaje no verbal, lo que llamamos microcomportamientos, como movimiento de cabeza, tocarse el rostro, posición de sus brazos, etcétera.

Lo mismo puede hacerse con palabras clave, volumen, ritmo y matiz, hasta con la intensidad de la respiración.

Con este ejercicio he logrado que los adolescentes más difíciles se abran en su comunicación.

Recuerda siempre la discreción y el tacto.

Ejercicio de deslizamiento

Consiste en guiar al emisor de un pensamiento al otro. Es una herramienta útil para poner fin a una discusión, cuando una persona se encuentra estancada ante una alternativa y te dice que ha probado todo y nada le funciona. Después de buscar estar en sintonía con ritmo de respiración, responde algo como...
—Como ya has probado todo y nada te funciona, ¿por qué entonces no pruebas...?
Se trata de no contradecir a la persona. Cuando alguien nos contradice, tengamos o no la razón, nuestra mente se cierra y se niega a escuchar más.
El ejercicio de deslizamiento te facilita empatizar con el otro.
La comunicación es más que un simple reto. La comunicación es el eje de nuestras relaciones personales.
El ser humano no puede vivir aislado. Se nutre de la convivencia armónica con los que nos rodean.
Para mejorar nuestra comunicación debemos estar dispuestos a trabajar con nuestro manejo de mensajes.
Eric Berne, en el manejo del análisis transaccional, propone técnicas muy interesantes en las llamadas posiciones existenciales, las cuales, de una forma sencilla, te muestro a continuación:

1. **Yo estoy bien, tú estás mal.** Esta posición existencial nos habla de nuestra actitud crítica frente al otro. Cuando hablamos corrigiendo y de forma prepotente, la respuesta del otro será agresiva y distante como consecuencia.
2. **Yo estoy mal, tú estás bien.** Es una posición de depresión. Me considero poco capaz y reconozco en el otro lo

que no veo en mí. Es una posición que representa a un ser como víctima.
3. **Yo estoy mal, tú estás mal.** La vida es un desastre y no vale la pena vivirla. Todo está horrible.
4. **Yo estoy bien, tú estás bien.** Es la posición de armonía. Precisamente la que promueve una buena comunicación.
5. **Yo estoy bien en decir o expresar lo que siento, pero no dudo que tú también lo haces con la misma intención.** No trata de dominar o tener la razón.

La comunicación está destinada a ser un diálogo privilegiado que simboliza la unión con nuestros seres queridos. Sin embargo, de este capítulo se desprende que la comunicación exige equilibrio emocional y madurez humana.

La comunicación es la experiencia de compartir con el otro cómo es que tú percibes algo, además de ser la oportunidad para que el otro comparta su propia experiencia.

Lo que buscamos es compartir entonces desde la posición existencial *yo estoy bien, tú estás bien*, y compartir mi experiencia con eficacia. Para ello debes revisar cinco requisitos:

1. **Comparte tu información** de tal manera que la otra persona se sienta motivada a escucharte, es decir, que esté en las condiciones adecuadas para prestar atención a tu mensaje.

    Hazle saber de tu necesidad de comunicarte, pero respeta su tiempo. Si no es su momento, inténtalo más tarde. Si se repite la situación, insiste en la urgencia de tu necesidad.

    No pierdas el tiempo expresándote cuando la otra persona no está dispuesta a hacerlo.

2. **Verifica que no haya errores** en la interpretación del mensaje.
   Una forma de hacerlo es estar alerta a sus mensajes corporales. Cometemos el error de hablar sin ver al otro. Observa sus gestos y pregunta amablemente si el mensaje fue claro.
   Por ejemplo: "Ya no eres cariñoso como antes".
   Lo que yo trato de decir es que extraño tus caricias. El otro podría interpretar el mensaje como acusación: "Qué frío eres", por ello la importancia de completar, de acuerdo con tu interpretación de su expresión corporal, tu mensaje.

3. **Expresa aquello que quieres** más que lo que no quieres.
   Observa cómo el ser humano teme pedir. Juagamos a que nos adivinen el pensamiento. "Si tú me amaras, sabrías lo que necesito" suena descabellado, sin embargo, lo hacemos constantemente.
   Especificar lo que queremos está muy relacionado con nuestra capacidad de poner límites.

4. **Habla en primera persona** y en sentimientos.
   Yo siento... tristeza (dolor, miedo, enojo) cuando no pones atención a lo que te platico.

5. **Que tu comunicación sea en el presente.**
   Evita traer argumentos que impliquen hechos del pasado ya comentados. Mucho tiempo de nuestra vida lo pasamos viviendo en el pasado no resuelto. Nuestros problemas no se viven en el hoy. Es una forma de evadir realidades.

Ejercicio

Durante la siguiente semana pon atención a la conversación que sostienes con tu familia. Observa cuántas de las reglas señaladas cumples, además de verificar en qué posición existencial te comunicas. Recuerda que la ideal es *yo estoy bien, tú estás bien.*

Jorge vivía una relación destructiva con su mujer. Todo el tiempo discutían. Ni él ni ella se sentían escuchados. Era un eterno monólogo en el que cada uno expresaba su dolor culpando al otro.

María no soportó más, y después de años de convivir sin armonía decidió abandonarlo. Estoy hablando de una pareja con 50 años de matrimonio.

Cuando Jorge vino a consulta, sus ojos expresaban el amor que nunca transmitió a su mujer. Ahora, ya era tarde.

Realiza una honesta evaluación de la forma en que en este momento de tu vida estás manejando tu comunicación.

A continuación, describe una relación en la que estás participando en este momento de tu vida que consideres conflictiva.

_____
_____
_____
_____
_____
_____

¿Qué tipo de posición existencial estás empleando?

_____
_____
_____
_____
_____

¿Qué tipo de regla o reglas no estás aplicando?

_____
_____
_____
_____
_____

La comunicación tiene un lugar de importancia fundamental en la vida de todo ser humano.

El propósito de este capítulo es que busques ser más creativo en tu comunicación. Que te permitas la experiencia de comunicarte asertivamente. Que elimines todo aquello que no acreciente tu desarrollo personal.

Está diseñado para que te centres en tus conflictos de comunicación y no en los de los demás. Quien debe cambiar eres tú, que estás abierto desde el momento en que elegiste esta obra. La idea es que te sientas motivado a explorar las técnicas expuestas sin importar quién tiene la razón.

Ganar es maravilloso, el problema de ganar en una comunicación es que si una persona gana, otra pierde, y ambos terminan pagando las consecuencias.

Ejercicio

Elije un tema sobre el cual no hayas estado de acuerdo con algún familiar. Escenifica mentalmente un simulacro de la discusión. Visualízate aplicando las reglas expuestas en este capítulo.

En el siguiente capítulo profundizaremos sobre las consecuencias de los pequeños cambios propuestos hasta ahora.

Para recordar:

I. La forma como nos comunicamos puede afectar lo que sentimos respecto a nosotros mismos, a los demás y a la situación en que estamos.

II. Nuestros sentimientos afectan nuestra comunicación.

III. En cualquier momento tenemos pensamientos, sentimientos, respuestas corporales que expresamos diferente ante condiciones diferentes.

Actividad de cierre de sesión

Repite todas las mañanas durante una semana:

"Yo elijo en este momento una forma sana de comunicarme.
Dejo libremente al otro ser quien es,
y acepto la responsabilidad de ser como soy".

Para proponértelo:

- Sé responsable de los mensajes verbales y no verbales que transmites.
- Sé responsable de ejercer una comunicación asertiva con todos los que te rodean.
- Sé responsable de reconocer cuando actúas manipulando a los demás.
- Sé responsable de transmitir tu mensaje claramente.

Risoterapia

Pregunta enérgicamente el juez al ladrón
que acaba de asaltar una tienda de ropa:
—¡Pero dígame!, ¿qué no pensó en su esposa
y en sus hijos?
—Sí señor Juez, pero en la tienda
sólo había ropa de caballero.

¡Sonríe!

Anota brevemente un compromiso personal que decidas cumplir durante la presente semana, reforzando lo visto en el cuarto paso:

QUINTO PASO
quinta semana
EMPUJADOS POR EL PASADO, JALADOS POR EL FUTURO

Si quieres conocer tu pasado, obsérvate ahora mismo.
Si quieres conocer tu futuro, mira tu presente.

BUDA

Actuamos con tendencia a reforzar lo que hemos vivido, una y otra vez. Es como si camináramos en círculo, siempre regresando al mismo sitio.

Conservamos los sobrantes de las relaciones que hemos vivido, y con esto evitamos hacernos responsables. Nos resulta más fácil culpar a otros de nuestras circunstancias personales.

Te pido que imagines la siguiente situación: te despiertas, tomas una bolsa de plástico transparente y guardas en ella lo que te sobró del desayuno: algo de leche, un poco de pan. Por la tarde guardas lo que te quedó de la comida: un tanto de sopa, por ejemplo. Y para terminar, restos de la cena. Así continúas durante una semana, tiempo en el que el proceso de descomposición ya ha hecho su trabajo.

Estamos listos para que te imagines inhalando el aroma de los alimentos descompuestos de tu bolsa de residuos. ¿Cómo crees que sea éste? Y ¿qué tan motivante te resultaría hacer lo mismo durante las mañanas?

Eso que precisamente te parece tan grotesco, es lo que haces cuando regresas a rumiar tus más tristes recuerdos. No avanzas, retrocedes cada día.

Se trata de desprendernos de todo aquello que no necesitamos. En el siguiente espacio describe cómo te relacionas con los demás y qué tanto permites que el pasado afecte tu relación.

_____
_____
_____
_____

¿Qué es lo que ocurre cuando tu mente evade el presente y se concentra en lo que vendrá? Y si eso que esperas se ve impregnado por el pensamiento negativo, ¿cómo piensas que terminarás actuando?

_____
_____
_____

Soltar tu pasado, sobre todo las experiencias negativas, te permite elegir de manera adecuada en tu presente la forma como has de vivir, porque en definitiva esto depende exclusivamente de ti. Cada mañana tú eliges la actitud con que enfrentarás cualquier adversidad. Cada noche tú eliges también la actitud con que miras tus errores y aciertos.

"Si aún no lo sientes, actúa como si lo fueras". Muchos de mis alumnos se hacen la misma pregunta: ¿cómo puedo sentirme seguro de mí mismo? Una de las alternativas es actuar como si ya lo fueras. Al ver los resultados, terminas viviéndolo cotidianamente.

Martha, una mujer de 40 años, llegó al taller con la inquietud de no poder controlar su vida: "Siento como si las cosas me pasaran sin ningún espacio para reflexionar si esto es lo que realmente quiero hacer".

La mayoría de la veces, si no es que siempre, sabemos qué debemos hacer. La dificultad radica en que **no nos escuchamos**. No permitimos a nuestra sabiduría interna entrar en contacto con elegir nuestro rumbo de vida.

Martha era una mujer casada, al pendiente de sus tres hijas y de su marido. Había terminado su carrera de arquitectura, pero en cuanto se casó, buscando complacer a su marido, dejó su trabajo y se dedicó al hogar. Ella sentía que había realizado un "gran sacrificio por amor". El problema era que ni sus hijas ni su marido lo agradecían como ella internamente deseaba. Siempre estaba de mal genio, exigente y reclamante. Sus hijas evitaban a toda costa convivir en familia. Lo que a Martha le angustiaba era que su llamado sacrificio le parecía inútil hasta ahora.

Al llegar al taller, pudo percatarse del cobro tan caro que hacía con su conducta. Reclamaba atención en forma desmedida. Martha se dio cuenta de su error y decidió darle nuevo rumbo a su destino. Puso un negocio con apoyo de su marido y ahora que se sentía más capaz, actuaba con una dinámica personal más sana en su relación con la familia.

¿Qué pasa cuando nos aferramos al futuro, el cual no conocemos, pero donde establecemos fuertes expectativas? El desastre es similar a cuando nos aferramos al pasado.

Uriel, un hombre joven que tomó el taller, en un principio hablaba siempre de sus sueños: sus posibles logros siempre optimistas, mas nunca palpables. Su esposa lo había abandonado por la misma razón. Causaba una excelente impresión al conocerlo, pero después de unos instantes de escuchar sus proyectos, era fácilmente detectable que se encontraba en el país de los sueños.

El presente

¿Qué significa vivir el presente? Primero madurez emocional, luego capacidad de resolución de conflictos y por último, disfrutar sin apegos.

Madurez emocional. Se proyecta en una capacidad para dirigir el rumbo que seguirá el impulso de nuestras emociones: si éste podrá ser controlado por nosotros, o el impulso terminará controlándonos.

Capacidad de resolución de conflictos. Cuando nos centramos en el presente, evitamos que la influencia del pasado y los apegos del futuro contaminen nuestras alternativas. Por consiguiente, la solución del conflicto se vuelve más adecuada a nuestros intereses.

Disfrutar sin apegos. Es la capacidad que vamos perdiendo sin darnos cuenta. Esa capacidad de asombro, goce y disfrute de todo lo que nos ocurre en el preciso instante, y que por las preocupaciones (futuro) o decepciones (pasado) no logramos vivir adecuadamente.

Como puedes darte cuenta, tú eres el principal beneficiado de vivir el presente. Proponte sólo por hoy "ser feliz". Si comprendes que la felicidad depende de ti y que las personas decidimos cada momento de nuestra vida qué tan felices deseamos ser, te darás cuenta de todos los obstáculos que te has puesto para sentirte realizado.

Busca adaptarte a la situación presente en tu vida, aun cuando ésta no resulte acorde a tus propios deseos. Sólo por hoy decide tener un aspecto amigable mostrando una sonrisa, buscando en todas las personas sus cualidades en lugar de los defectos.

Sólo por hoy apacigua tu espíritu. Olvídate de rencores y aprende a perdonar perdonándote a ti mismo tus equivocaciones. Sólo por hoy haz algo a favor de un semejante sin esperar nada a cambio, por el simple gusto de hacerlo. Sólo por hoy evita los miedos. Arriésgate a ser feliz. Que tu vida comience a ser placentera a partir de este preciso instante "porque tú así lo decides".

Ejercicio de conciencia del momento presente

Colócate, en silencio, en una posición cómoda para tu cuerpo. Comienza a relajar cada parte del mismo: los pies, dedos de los pies, pantorrillas, piernas, cadera, columna vertebral, cintura, espalda, pecho, brazos, manos, dedos de las manos, cuello, hombros, cabeza y rostro.

Inhala por la nariz y exhala por la boca. Retén el aire al inhalar durante seis tiempos (que cuentas mentalmente) y exhala en seis tiempos. Repite tres veces más el proceso de respiración.

Concentra la mente en tu respiración, observa si ésta es pausada, corta o prolongada. Hay quienes afirman que "vives como respiras". Concéntrate ahora en los latidos de tu corazón. Siente tu pulso, libera tus pensamientos. Sólo obsérvalos, sé mentalmente tu espectador.

Capta cada una de las emociones que percibes en cada momento. Concéntrate ahora en observar, con los ojos cerrados, el lugar donde te encuentras. **Recuerda: sin abrir los ojos**, percibe la energía del espacio en el que estás.

Quédate en silencio por espacio aproximado de cinco minutos. **En total silencio.**

Toma conciencia de cada parte de tu cuerpo, comenzando por la cabeza hasta llegar a los pies. Inhala y exhala, y a tu ritmo, abre los ojos aquí y ahora.

Anota los resultados de tu auto observación:

_____
_____

Que en tu vida sólo exista conciencia del momento presente, que es lo único con lo que cuentas. Rescata con esta nueva actitud las bendiciones de tu momento. Repite constantemente "Aquí y ahora", sobre todo cuando tu pensamiento se disperse en el pasado o el futuro. **Estar en el presente es vivir.** "Aquí y ahora" es lo único importante.

Si tú decides vivir el momento, comenzarás a vivir con armonía. Pero ahora tú convénceme de ello: escribe tres razones por las que vivir en el presente te convenga:

1. _____
2. _____
3. _____

Ahora te doy a conocer las ventajas que yo percibo:

- **Aumenta nuestra capacidad de disfrutar.** Si gozamos cada instante, no habrá espacios muertos. Se fortalece nuestra voluntad al promover la concentración en el hoy.
- **Generamos fortaleza espiritual.** Tal vez por ello en los llamados grupos de los doce pasos se insiste tanto en el momento actual. Valoramos más cada día y la presencia de aquéllos con quienes compartimos.
- Y por último, **vivimos cada segundo de nuestra vida con toda intensidad**, a diferencia de cuando vivimos centrados en el pasado, que está lleno de buenas y malas experiencias: dolor, frustración y otras.

Hay que encontrar la paz y la estabilidad en cada instante, olvidándonos del propósito ajeno al mismo momento. Por eso la cita textual de Montaigne es muy adecuada al presente capítulo: "Cuando duermo, duermo; cuando bailo, bailo; cuando como, como".

¿Pero cómo se puede aprender a vivir el momento presente?

Justo ahora, mientras estás leyendo este párrafo, lo estás haciendo. Sólo existe el ahora. Justo en este preciso momento no hay necesidad de sentir miedo o ira, tú decides cómo te estás sintiendo. Justo en este preciso instante estás disfrutando del presente.

Bárbara, una hermosa mujer empresaria, llegó a mi consultorio afligida. Su rostro se veía marcado por unas ojeras que en la sesión anterior (apenas hacía una semana) no tenía.

—No he podido dormir desde hace tres noches —decía Bárbara con voz afligida—. Se rumora en la empresa que habrá problemas, tal vez una auditoria.

—¿Tienes algunos descuidos en tu departamento? —le pregunté tratando de aclarar el panorama.

—Ninguno. Todo está en orden. Pero temo que algo salga mal.

Bárbara ya había hablado con su personal de servicio en su hogar para que hicieran ahorros en los gastos, por un posible despido. Había solicitado que se cambiara su auto por otro menos lujoso, aun cuando perdiera dinero en el intercambio. Alertó a sus empleados y todo el departamento entró en estrés intenso. Todo ello en tan solo una semana que había dejado de verla. Estaba envuelta en el caos.

Durante la sesión se dio cuenta de la actitud desproporcionada que estaba tomando. Trabajamos precisamente el tema de vivir el presente.

En la siguiente sesión me comentó con orgullo del reconocimiento que había recibido por tener el mejor departamento, todo estaba excelente. Mi alumna reía a todo pulmón por la cómica actitud de desesperación que había tomado.

Vivir el presente es una necesidad para la toma de decisiones más acertadas. Ahora Bárbara lo comprende.

Enseguida te cuento una hermosa historia Zen que compartí con agrado con esta alumna. Espero que a ti también te acompañe en tu proceso de vivir el momento.

Un hombre que viajaba por un campo se encontró con un tigre y huyó mientras el tigre lo perseguía. Al llegar a un precipicio se agarró de la raíz de una liana y saltó al otro lado. El tigre lo olfateaba desde arriba. Temblando, el hombre miraba hacia abajo, donde otro tigre lo esperaba para devorarlo. Sólo la liana lo sostenía.

Dos ratones, uno blanco y otro negro, poco a poco, empezaron a roer la liana. El hombre vio una linda fresa cerca. Agarrándose bien de la liana con una mano, cogió la fresa con la otra. ¡Qué sabrosa estaba!

Texto Zen

Vivir el momento es una oportunidad que pocos se permiten disfrutar en el mundo occidental. Cuando decidimos vivir el aquí y ahora, disfrutamos de lo que hacemos.

Ejercicio

Toma una fruta, puede ser una manzana o una pera, tu fruta favorita. Todo lo que tienes que hacer es sentarte cómodamente, vendar tus ojos, y en silencio, mordida a mordida, comer tu fruta. Detecta su aroma, su sabor; paladea, que nada te interrumpe. Tu fruta y tú son una sola cosa.

¿Encuentras alguna diferencia entre comer tu fruta como lo haces siempre a como lo has hecho en este momento?

Cuántas de las cosas que realizas en un día tienen el tiempo que merecen.

¿Recuerdas cuándo fue la última vez que disfrutaste de conversar con un amigo, sin ningún interés adicional a pasarla bien?

Vivir el presente nos permite desligarnos de relaciones y situaciones ya caducadas que nos llegan a impedir probar nuevas situaciones. Lo mismo ocurre cuando buscamos vivir en el futuro, evadiendo la realidad que tal vez no nos resulta tan atractiva. Ahora que conoces las ventajas de vivir el presente, Tú decides.

Éste es el único instante con el que cuentas, experimenta tu vida. Muchos de nosotros no vivimos el presente ubicándonos sólo en el futuro o atados al pasado, situación que nos hace perder el sentido de nuestra vida, perdiendo también energía y concentración.

Físicamente nos encontramos en el presente, pero mental y emocionalmente, ¿dónde estamos?

¿Cómo saber si estamos en el presente?

Observa tus pensamientos y sentimientos en este preciso momento. ¡Escúchate! Pregúntate ¿cómo estoy en este momento?

Sólo tienes que soltar y vivir el ahora, dejar de esperar. En la misma intensidad que logremos conectarnos con nosotros mismos, en esa proporción aumentará nuestro poder personal.

Lo que define al sabio es su capacidad de vivir el ahora. A lo largo de los capítulos te has percatado de la importancia de tu historia personal. Si no eres capaz de ver la importancia de vivir el ahora, habrá muchas posibilidades de que entres en depresión con toda la información que has removido. De ahí la importancia de aplicar a tu vida este paso.

Pero… ¿qué es vivir el ahora?

Es permanecer siempre abierto al devenir de las circunstancias y oportunidades que te brinda tu existencia.

Es disfrutar de todo lo que haces, por el simple hecho de hacerlo.

¿Qué tan capaz te descubres de vivir el presente? Una característica de los niños es precisamente cómo los absorbe el momento presente. Viven absortos en lo que hacen. Viven el ahora sin que les afecte el futuro. Es muy triste que los adultos nos esforcemos por quitarles su amor al presente. Les vendemos la idea de que preocuparse por el futuro es bueno. Por ello se encuentran tan saturadas las clínicas antiestrés.

En vez de vivir el momento nos quedamos pegados a los pensamientos y juicios acumulados, lo único real, ya lo dijo Buda hace miles de años, "Es el instante actual".

¿De qué sirve estar en el presente? Sirve para vivir una vida plena y auténtica sin el sufrimiento innecesario.

A veces estamos demasiado preocupados para vivir el presente.

Sólo podemos ser felices si vivimos el aquí y el ahora, que es lo único real. El presente te permite tomar conciencia de tus sentidos, que están aquí para darle sentido a las cosas.

Detrás de un ser humano que no teme morir, siempre descubrirás un ser humano que supo vivir el aquí y el ahora.

A continuación investiga si estás viviendo el presente. Anota un punto por cada sí de respuesta. Sé realmente honesto, recuerda que estás acompañándote en tu proceso. Al finalizar observa tus resultados conforme al número de sí acumulados.

Contesta brevemente a las siguientes cuestiones y haz tu propia evaluación.

1. ¿Sabes cuál es la diferencia entre un sueño y una meta? (sí) (no)
2. ¿Te descubres viviendo sin resentimiento? (sí) (no)
3. ¿Percibes qué tan profunda es tu respiración? (sí) (no)
4. ¿Descubres que en tu agenda hay tiempo reservado para ti? (sí) (no)
5. ¿Renuncias a la venganza por grave que sea el daño que te hicieron? (sí) (no)
6. ¿Cuentas con tiempo suficiente para comer y dormir? (sí) (no)
7. ¿Te propones metas personales por día? (sí) (no)
8. ¿Realizas al menos una actividad divertida al día? (sí) (no)
9. ¿Sientes que le agrada a los niños estar junto a ti? (Propios o ajenos.) (sí) (no)
10. ¿Prácticas al menos 20 minutos al día de meditación u oración? (sí) (no)

De 8 a 10 aciertos: felicidades, vives en el momento presente.

De 5 a 7: mucho por trabajar.

Menos de 5: haz un alto en tu vida y vuelve a leer este paso antes de seguir adelante.

Para cerrar este capítulo, recuerda:

"Vivir centrado en el momento presente,
sin miedo al futuro ni apego al pasado".

Actividad de cierre de sesión

Repite todas las mañanas durante una semana:

"Sólo por hoy viviré intensamente este día".

Para proponértelo:

- Sé responsable de vivir el momento presente.
- Sé responsable de evitar que los recuerdos del pasado afecten tu presente.
- Sé responsable de soltar todo aquello que te impida vivir el hoy.
- Sé responsable de disfrutar lo que tienes en cada instante.

Risoterapia

Llega un trabajador a la casa de una señora y le dice:
—Señora, su esposo acaba de estirar la pata.
—¿Queeé?
—Se murió.
—Pero ¿cómo murió?
—Le cayó un ladrillo en la mano.
—¿En la mano? ¿Pero entonces cómo murió?
—Es que le cayó cuando estaba rascándose la cabeza.

¡Sonríe!

Anota brevemente un compromiso personal que decidas cumplir durante la presente semana, reforzando lo visto en el quinto paso:

→

SEXTO PASO
sexta semana
RELACIONES SANAS / RELACIONES CONFLICTIVAS

Una relación sana no produce angustia ni temor.

Las personas, al relacionarnos, nos encontramos con un gran número de exigencias sociales y personales, y a todo terminamos adaptándonos, aunque no siempre de conformidad.

En la forma en que te relaciones se percibe no sólo tu inteligencia emocional, sino también tu autoestima. Cuando escucho a alguien afirmar que es intensamente feliz porque encontró a una persona perfecta con quién compartir su vida, percibo atrás de su sonrisa forzada su dependencia emocional. Después, al escuchar su dolor por la separación, termino confirmándolo. De esto se trata el sexto paso: revisar tus relaciones y concluir por ti mismo si éstas son sanas o conflictivas.

Responde brevemente a las siguientes cuestiones. Obsérvate en la manera que te involucras con los demás. Si esto te cuesta trabajo, por favor busca ayuda de alguna persona en quien confíes, y pídele que te dé su opinión. Pero en la medida que te sea posible, hazlo por ti mismo.

¿Lo que haces, por quién lo haces?

¿Para quién lo haces?

¿Para qué lo haces?

¿Lo que sientes, a quién le pertenece?

¿A quién quieres cambiar o ayudar?

¿A quién estás representando, a quién estás sustituyendo?

Si te sorprendes repetidamente en la misma situación de emoción excesiva en el encuentro y desolación en la separación, es de suma importancia que realices un autoanálisis de tu forma de relacionarte.

Enseguida te presento una gráfica en la que se estipulan los principales rasgos de una relación sana y una adictiva. Evalúa cada aspecto personal como se te indica.

Coloca enseguida de la afirmación:

1 si se aplica a tu experiencia personal.
2 si se aplica un poco.
3 si nada se aplica a tu forma de relacionarte.

Rasgo a evaluar	Evaluación
1. Puedes controlar la expresión de tus emociones positivas o no positivas.	
2. Por miedo a perder a la persona te descubres callando tus necesidades.	
3. Asumes la responsabilidad de tu vida.	
4. Te sorprendes depositando la razón de tu felicidad en otra persona.	
5. Eres capaz de evitar conductas perjudiciales.	
6. Para ti es indispensable mostrar superioridad ante los demás.	
7. Te comunicas coherentemente (lo que piensas, haces).	
8. Permaneces ligado a la figura paterna o materna, sin poder controlarte.	

9. Permites la individualidad en tus relaciones.	
10. Tienes problemas por ser tal y como eres.	
11. Disfrutas de estar solo cuando es necesario.	
12. Te sorprendes mintiendo para complacer a los demás.	
13. Eres autosuficiente.	
14. Te sientes incapaz de salir adelante solo.	
15. Aceptas los finales de cualquier relación sin problema.	
16. Te deprimes constantemente por problemas en tus relaciones.	
17. Haces y dices lo que sientes.	
18. Ocultas lo que sientes si piensas que esto no le conviene al otro.	
19. Buscas sentirte pleno, independientemente de las circunstancias.	
20. Necesitas tener la razón todo el tiempo.	

Total pares: _____

Total impares: _____

Suma las respuestas de las preguntas pares e impares por separado, y observa cuáles muestran un puntaje más alto.

Las pares hablan de tu codependencia y las impares de tu salud mental.

A mayor salud mental, menor grado de codependencia. Anota en el siguiente espacio tu auto observación personal. ¿De qué te das cuenta al resolver el ejercicio anterior? ¿De qué te haces responsable a partir de este momento?

_____
_____
_____

La siguiente actividad implica agilidad mental. Piensa rápido y responde definiendo los siguientes términos:

Las mujeres son:

_____
_____
_____

Los hombres son:

_____
_____
_____

El matrimonio es:

_____
_____
_____

El divorcio representa:

_____
_____
_____

El dinero es:

El trabajo es:

Amar significa:

Revisa tus respuestas ¿Qué reflejan? Pide a algún amigo de confianza que realice el mismo ejercicio. Recuerda: sin pensarlo mucho. No se trata de definiciones profundas, sino de descubrir tus patrones de conducta por tus pensamientos instantáneos.

¡Como piensas… vives!

La mayoría de los adultos que toman los talleres de Desarrollo Humano presentan tendencias a vivir relaciones destructivas. Viven sus relaciones de pareja, amistad o familiar en tensión constante.

Ejercicio de escala de tus valores

Qué es lo que más valoras en la vida. De la siguiente lista de valores, anótalo en orden de importancia (elige 10 valores que te representen):

Honestidad	Autenticidad
Integridad	Laboriosidad
Lealtad	Sencillez
Nobleza	Generosidad
Constancia	Empatía
Honradez	Respeto
Devoción	Gratitud
Fidelidad	Amistad
Responsabilidad	Compasión
Equidad	Alegría
Tolerancia	Sacrificio
Solidaridad	Perseverancia
Decencia	Sensibilidad
Justicia	Franqueza
Misericordia	Transparencia
Sociabilidad	Voluntad
Servicio	Autocrítica
Sinceridad	Espontaneidad
Prudencia	Creatividad

1. _____   6. _____
2. _____   7. _____
3. _____   8. _____
4. _____   9. _____
5. _____   10. _____

Después de elegir el orden de tus valores, te invito a responder concentrándote en los valores de tu lista personal: ¿qué características deben tener las personas que se relacionen contigo?

_____

_____

_____

Cuando tú eliges una prenda de vestir cuidas talla, color y modelo, no te pondrías algo que fuera dos tallas menos que tú. ¿Por qué entonces damos tan poca importancia a la elección de las personas con las que decidimos libremente convivir?

Y lo que es más interesante: ¿por qué damos tan poca importancia a cuidar la forma en que nos relacionamos con ellas? Cuando nos vinculamos en una relación poco sana, dependiendo emocionalmente de la aprobación de la pareja, terminamos vendiendo a bajo precio nuestra calidad de vida.

Las personas que viven relaciones destructivas, debido a la dependencia emocional, realmente no saben vivir felices. Entran en un círculo vicioso enfermo. Así como a la droga o al alcohol, se puede vivir dependiente de la aprobación y la aceptación de los demás.

Estas personas invierten su vida en los que les rodean. Se sienten vacíos y dolidos en las separaciones. Suelen ser asfixiantes, pues así como aparentemente dan mucho, exigen de la misma manera enfermiza.

Las personas que viven este tipo de relaciones destructivas buscan satisfacer necesidades que no están satisfechas, y de las cuales no quieren hacerse responsables.

Pero... ¿se puede aprender a tener relaciones sanas?

Por supuesto que sí. Eso es lo mejor de este paso. Después de tomar conciencia de la situación, tomamos cartas sobre el asunto. Busquemos la salud total, física, mental y emocional.

Pasos para librarte de relaciones destructivas

PRIMERO: **Aprende a ser feliz.** Decide ser feliz en este momento. Ahora mismo. Busca sentirte feliz, en paz contigo mismo. Nada puede impedírtelo, ya hemos visto que **ser feliz es una elección.**

SEGUNDO: **Busca la felicidad dentro de ti.** Encuéntrala en ti mismo. En lo que tú haces y en lo que tú sientes. Deja de quejarte. Ve las cosas que sí tienes y que valen la pena.

TERCERO: **Deja libres a los demás y date esa libertad a ti mismo.** Goza del instante que compartes y después evita aferrarte a circunstancias o personas determinadas. Todo pasa, todo fluye, igual que llega se va.

CUARTO: **Elige personas que sean capaces de dar amor y libertad sin condiciones.** Recuerda que eres tú y sólo tú quien decide la forma en que te relacionas. Existen personas que no desean comprometerse; esto no las hace ni mejores ni peores que las demás, simplemente no desean relacionarse formalmente. Si eres tú quien decide, si tampoco quieres compromiso, entonces sería perfecto. Pero si lo que quieres es precisamente una relación de compromiso, sigue tu rumbo. Esa persona no es para ti.

Gabriela una mujer de 25 años, llevaba una relación con un hombre divorciado. Desde que ella lo conoció, él argumentaba su amor por la libertad recién obtenida. Gabriela pretendió atraparlo embarazándose. Su pareja desapareció del mapa en cuanto lo supo.

Dos años después conoce a otro joven que presumía de su amor por la vida sin compromiso. Gabriela pensó que como no era divorciado, tal vez era el adecuado. Nuevamente resultó embarazada. Su vida se complicó aún más con dos hijos pequeños, y como adivinarás, de este último amigo jamás se supo nada después de la noticia de que estaba esperando su segundo hijo.

QUINTO: **Aprende a disfrutar el estar solo.** Goza de tu compañía, ya que como lo vimos anteriormente, antes de vivir en pareja debemos aprender a vivir solos.

SEXTO: **Busca amar más y necesitar menos.** Encuentra un amor en el que puedas estar con tu pareja feliz, y sin tu pareja, feliz. Ama más a tu compañero y depende menos de su compañía. Si buscas depender, que sea de Dios y de nadie más.

SÉPTIMO: **Centra tú vida en tu potencial personal.** Resalta tus talentos, disfruta de ellos. Todos tenemos cualidades de las cuales podemos sentirnos orgullosos. Hay quienes viven pendientes de los logros de su pareja y jamás de los propios.

OCTAVO: **Haz tu vida interesante.** Descubre qué tan divertida y especial puede ser tu vida, independientemente de lo que ocurra a tu alrededor.

NOVENO: **Evita sentirte atrapado en una relación.** Si tu relación permite y facilita tu crecimiento personal y profesional, te felicito. Si no es así, es el momento de reflexionar al respecto y proponerte alternativas. Probablemente tu pareja también se sienta atrapada.

Marcela se quejaba de que su marido no la dejaba ser ella misma. Mencionaba cómo deseaba seguir estudiando y él se lo impedía. Cuando le pregunté en qué forma su pareja le negaba la oportunidad de estudiar, me contestó avergonzada "que no le decía nada, pero que ella lo presentía". Grande fue su sorpresa cuando en una sesión del curso, su marido comentó que le parecía excelente la idea, y que entendía cómo se sentía, porque él también se descubría asfixiado por la relación.

DÉCIMO: **Cree en ti y vive cómo si esto fuera una verdad absoluta.** ¿Cuánto tiempo has perdido creyendo más en otras personas que en ti? Berenice es una linda mujer exitosa. El problema era que ella no lo veía así. Todo el tiempo se quejaba de su forma de vida, de sus problemas personales. Tenía terminadas dos carreras profesionales y trabajaba como empleada de una papelería, ganando una miseria. Berenice se negaba a creer en su capacidad y vivía acorde a su pensamiento.

DECIMOPRIMERO: **Habla positivamente y deja de lamentarte de tu mala suerte.** De lo contrario, terminarás incómodo contigo mismo.

DECIMOSEGUNDO: **Pon límites.** No toleres conductas enfermizas o dañinas. Muchas personas terminan haciendo cosas que dicen jamás harían, debido a que se pierden el respeto. Sobre todo, recuerda que sólo tú eres responsable de cómo vives. Por favor, "vive sin miedo de vivir".

Características de una relación sana

- ✓ Te permite ser tú mismo.
- ✓ No existe el miedo.
- ✓ Experimentan placer en la unión y no sufren en la separación.
- ✓ Hacen surgir las mejores cualidades en el otro.
- ✓ Aceptan cuando la persona debe irse o desea tiempo y espacio.
- ✓ Estimulan su crecimiento personal.
- ✓ Sienten libertad.
- ✓ No hay control.
- ✓ Tienen una autoestima sana.
- ✓ Disfrutan de la soledad.
- ✓ Viven la igualdad.

Características de las relaciones destructivas

- Se sienten cansados y asfixiados.
- No hay límites claros.
- Existe mucho miedo de perder.
- Temen cambios.
- Dan y esperan algo a cambio.
- Necesitan al otro.
- Pensamientos torturantes de pérdida de la pareja.

- Temen la cercanía.
- Lucha de poder constante.

Una relación sana deberá hacerte sentir, entre otras cosas:

A salvo	Contento
Aceptado	Libre
Admirado	Motivado
Amado	Optimista
Apoyado	Orgulloso
Entendido	Amigo
Exitoso	Poderoso
Incluido	Protegido
Fuerte	Feliz
Notado	Realizado
Respetado	Relajado
Apreciado	Satisfecho
Ayudado	Seguro
Capaz	Valorado
Claro (sin confusión)	Con energía
Capaz	

Regresa a la lista y subraya las que tú vives en este momento o con tu pareja.

Anótalas en las siguientes líneas:

_____

_____

_____

Tú decides. **Sólo tú eres quien decide qué clase de relaciones vives.** Busca el equilibrio entre lo que das y recibes.

Realiza el siguiente ejercicio:

¿Qué es lo que sueles dar en una relación?

_____
_____
_____
_____
_____

¿Qué sueles recibir?

_____
_____
_____
_____
_____

¿Existe reciprocidad y equilibrio?

_____
_____
_____
_____

¿Qué estás dispuesto a dar, a partir de ahora, en una relación?

¿Qué?   ¿Cómo?   ¿Cuándo?

_____
_____

¿Qué estás dispuesto a recibir o a solicitar sanamente?

¿Qué?   ¿Cómo?   ¿Cuándo?

Carmen, una mujer atractiva de treinta y siete años, llegó al taller desesperada. Su pareja le era infiel, y no sólo no se disculpaba como ella esperaba, sino que le reclamaba que hubiera entrado a su oficina sin tocar, descubriéndolo en plena faena sexual con su secretaria.

Carmen me preguntaba "¿qué debo hacer?" Mi respuesta fue otra pregunta: "¿qué deseas hacer?"

¿Qué le sugerirías a Carmen? Recuerda que es más sencillo aportar ideas desde afuera del problema.

Anota tu sugerencia:

¿Por qué? Fundamenta tu sugerencia…

___

Pues Carmen decidió darle otra oportunidad, aun cuando él no se la había pedido. Siguió llegando tarde, y cuando Carmen le reclamó, su marido terminó golpeándola, y acabó en el hospital. Pocos días después, Carmen regresó a otra sesión, y como seguramente no te sorprenderá, de nuevo preguntó "¿qué debo hacer?"

¿Qué le sugieres?

___

Justifica tu consejo:

___

Pues Carmen decidió darle de nuevo otra oportunidad. Pero no te enojes, esta vez puso como condición que el marido buscara ayuda profesional. Él no aceptó y Carmen se separó. No terminaron juntos, pero ahora Carmen está feliz, es una mujer independiente y aprendió a vivir con dignidad.

Roberto, un hombre de treinta años descubrió que su esposa se burlaba de él a sus espaldas, incluso con sus amigos. Cuando él le reclamó la falta de respeto, abiertamente su esposa le gritó que era un estúpido. Él no supo qué contestar, se retiró del lugar. Ahora procura no asistir a eventos. El problema se ha agravado pues sus hijos le gritan y el mayor pretendió echarlo de su casa. Roberto llegó a la sesión preguntando: "¿Qué puedo hacer para que mi esposa y mis hijos me amen?"

Las relaciones destructivas en la pareja son el reflejo auténtico del maltrato psicológico al que nos sometemos todos los días nosotros mismos. Frases como ¡qué tonto soy!, ¡no puedo!, ¿para qué sirvo?, entre otras, nos muestran una mala relación con nosotros mismos que inevitablemente se ve reflejada en nuestro entorno.

¿Cómo saber si estás viviendo una relación destructiva? Se aplica a pareja, hijos, amigos etcétera.

1. Tus necesidades no son tomadas en cuenta.
2. Te sientes exhausto en la relación.
3. Te sientes inseguro.
4. Expresas tus sentimientos y sólo recibes burlas al respecto.
5. Tienes miedo de la reacción de la otra persona.
6. A menudo te descubres haciendo cosas que no van contigo, con tal de sostener la relación.
7. Te sientes aliviado lejos de la relación, mientras no termine.
8. La situación de tu relación cada vez es menos alentadora.
9. Te descubres enfermo constantemente, debido al estrés que te genera la relación.
10. Te muestras ansioso. Es una relación tipo ni contigo ni sin ti.

Si tus respuestas han sido positivas en más de 5 enunciados, es tiempo de que revises cómo te relacionas.

Hombres y mujeres se ven envueltos independientemente de su estatus social, cultural o económico en relaciones inexplicablemente destructivas. Pero, ¿cuál es la causa? La característica más común que percibo es el miedo a estar solos.

¿Por qué amamos a quien tanto daña? Las personas atrapadas en esta situación se engañan a sí mismas con tal de mantener la relación.

Delia se enamoró de Héctor desde que lo conoció, a pesar de que mostraba poco interés por ella. Se casaron y a los pocos meses él comenzó a serle descaradamente infiel. Grababa videos de sus actos sexuales con sus parejas extramaritales y los dejaba al alcance de Delia, quien lloraba en silencio por las noches. Fruto de ese matrimonio nació Fernando, que se desarrolló en una familia disfuncional, llena de conflictos. Cuando Delia descubre a Fernando a la edad de 14 años masturbándose frente al monitor con un video de su padre teniendo sexo con una de sus aventuras, Delia creyó morir de tristeza. Al reclamarle a su marido, éste la corrió de la casa. Fernandito, como ella lo llamaba, prefirió seguir viviendo en el ambiente sin límites que le proporcionaba su padre. Delia acudió a sus padres, quienes la rechazaron porque no aprobaban el divorcio en la familia. Sólo una hermana le ofreció ayuda pagándole su terapia y a un abogado para recuperar a su hijo y conseguir su divorcio. Delia no aceptó. Regresó con su pareja, la cual ha aumentado sus golpizas, y con su hijo, que definitivamente no la respeta en lo mínimo.

Delia siguió sufriendo, sin entender por qué le había tocado vivir relaciones tan destructivas con su pareja, sus padres y hasta con su hijo.

Lo que te acabo de narrar, por drástico que te parezca, es real.

¿Qué hace que vivamos relaciones destructivas?

Definitivamente un factor determinante es la baja autoestima. El no amarnos lo suficiente hace que vivamos el dolor del maltrato y del rechazo como algo normal. Es la alternancia entre cordialidad y maltrato lo que hace que este proceso sea relativamente tolerable.

Síntomas de alerta que debes cuidar:

1. Creer que debes hacer algo para que te amen.
2. Invertir tiempo, dinero, esfuerzo y energía desmedida en conseguir que las personas te acepten.
3. Tener una comunicación interna destructiva ("Qué tonto soy". "No valgo nada". "Otra vez la regué". "Me odio", etc.).
4. Evitar poner límites para no perder la relación.
5. Justificar el maltrato.

Catalina es una mujer de 60 años, vivía con su hijo menor, Camilo, quien no perdía oportunidad de recordarle que era una arrimada. Catalina tenía una casa pequeña y un trabajo humilde. Cuando Camilo se casó, le pidió a su madre que dejara de trabajar, que vendiera su casa y compraran una más grande donde la nueva familia viviera feliz. En cuanto se compra la casa, Camilo le da la noticia que la pondrá a nombre de él y su esposa para evitar que ella tenga que hacer trámites. No pasaron ni tres años cuando los conflictos se hicieron llegar. La esposa de Camilo y el mismo hijo corrieron de su casa a Catalina, quien a esa edad ya no fue admitida en su anterior trabajo.

Una familia le dio asilo y a cambio ella trabaja como su sirvienta, por lo cual no recibe más pago que su cuarto y algo de comida. Para sus medicinas, ella trabaja empaquetando despensa en un supermercado.

Fue la propia Catalina quien me contó su historia.

De nuevo repito la pregunta: ¿qué hace que vivamos relaciones destructivas?

1. Permitimos el control de nuestra vida a otros.
2. Hacemos de todo con tal de ganar el agrado de otros.
3. Desvalorizamos nuestros logros personales.
4. Vivimos con miedo constante.
5. Otorgamos a otros el cuidado de nuestras necesidades.
6. Nos mostramos desorientados.
7. Aceptamos culpas.
8. Somos nuestros principales enemigos.
9. Callamos.
10. No nos hacemos responsables de nuestra felicidad.

Como dice el doctor Ernesto Lammoglia: "El amor no tiene por qué doler".

¿Sabes darte cuenta cuando una relación no es sana?

Muchas veces nos damos cuenta de estas relaciones difíciles, pero no tomamos conciencia del riesgo que lleva seguir en ellas.

Aunque parezca extraño, todos buscamos sentir amor, por más violento que éste se vea. En nuestra mente inconsciente tenemos la fantasía de que algo va a cambiar. Esta necesidad de reconocimiento queda instaurada desde la infancia a través de nuestras figuras de autoridad.

Lorena era una mujer independiente, psicóloga reconocida. Llegó a mis sesiones con el dolor de vivir una relación destructiva. Su pareja minimizaba todo el tiempo sus esfuerzos. Cuando revisamos la relación con sus padres, pudo darse cuenta de la intensa necesidad de reconocimiento no recibido por ellos. Y aún a sus 40 años lo seguía buscando desesperadamente.

En una relación destructiva casi siempre pensamos que somos nosotros quienes desatamos la ira del otro. Es nuestra extraña forma de mantener el control de algo.

A qué viene este ejemplo. Lo que trato de explicar es el origen de esa necesidad de atención y reconocimiento.

Los estudios demuestran que los afectados difícilmente reconocen una relación enfermiza. El concepto tan extendido del amor como una entrega total ha ido arrastrando este tipo de relaciones heredadas de generación a generación.

Pero también hay un principio que afirma que si alguien sana, hasta siete generaciones se ven beneficiadas.

Para salir de una relación destructiva es importante resaltar la riqueza de las relaciones interdependientes, humanas, generosas, placenteras, de cooperación y no de lucha y control.

No hay nada mejor que edificar relaciones sanas donde puedas sentirte bien. Toda relación en tu vida te enseña algo de ti.

Pero, ¿qué hace una relación sana?

Tú sabes que estás en una relación sana porque te sientes bien contigo mismo. Las relaciones destructivas te cansan. Te sientes triste, con miedo, enojado. Las relaciones enfermas carecen de confianza y respeto. Ya sea de familia, pareja, amigos, trabajo. Nadie merece estar en una relación enferma.

¿Cómo edificar relaciones sanas?

1. Cuida tu autoestima. Ámate, valórate, cuídate, sé la clase de padre y madre que te hubiera gustado tener contigo. Por si no te has dado cuenta, te regañas y maltratas todos los días al igual que lo hacían tus padres.

   Soy la mayor de cuatro hermanos, los cuales debía cuidar mientras mis padres trabajaban. Con ese ritmo, además de hacer mis tareas, nunca tenía tiempo de jugar, a lo que mis padres reaccionaban con orgullo. Fue muy duro mi trabajo personal para entender que tenía derecho a jugar y divertirme, no sólo a trabajar y cuidar de los otros. Hoy me doy permiso de jugar en cada sesión o taller, tomo tiempo para divertirme en forma nada estructurada y lo disfruto. Con agrado he descubierto que mis mejores obras, entre ellas este libro, se han generado mientras me divierto.

2. Pide lo que seas capaz de dar. Un lema importante en mi vida es no permitir que me hagan aquello que yo no le haría al otro. Si yo no le pondría el cuerno a mi pareja, me parece muy lógico no vivir con alguien que fuera capaz de hacerlo.

   Lo mismo se aplica a si yo no soy capaz de mostrar afecto y exijo que lo hagan conmigo. Es cuestión de equidad.

3. Fortalécete, invierte tiempo en ti mismo. No te regatees en tiempo y calidad, ni esfuerzo. Lo vales. Te lo mereces. Cuando entré a estudiar mi maestría de Desarrollo Humano, justo en el momento en que mis tres hijos ya contaban con edad suficiente para pasar tiempo sin mí, y pensé que era la oportunidad de realizar mi sueño, grande fue mi sorpresa, pues no sólo mi pareja, sino mis padres pusieron el grito en el cielo. ¿Cómo es posible? ¡No tendrás tiempo! ¿Por qué no te conformas? Llegué a creérmelo. Tanto que casi abandono mi proyecto el primer semestre. Sin embargo, gracias a la directora de la maestría que me hizo ver la importancia de no abandonar mi sueño, hoy puedo darme cuenta que realmente valió la pena invertir tiempo y esfuerzo en mi persona.

4. Sé capaz de soltar tus relaciones. Cualquier relación, no sólo la de pareja, es importante soltarla.

Si quieres amar sanamente, suelta tus relaciones. Aprende a vivir con fluidez, espontaneidad, con emoción, trata de ser la persona que realmente eres.

Suelta las relaciones, que nada te mantenga atado. Suelta todo aquello que no te permita fluir.

Mientras más rápido sueltes esas relaciones por las que estás peleando quedarte, mejor. Que ya no haya más nada que perder, porque todo lo has soltado. Y así, desde la libertad, puedes relacionarte sanamente.

¿Cómo salir de una relación enferma?

Aplica todo lo visto en este paso. Vivir relacionándote sanamente es lo mejor de la vida. Vive sin apegos y disfruta de lo que te ofrece la vida.

Si el apego es intenso, busca ayuda terapéutica de inmediato.

Ejercicio

Coloca tu nombre en el centro de la estrella. Saca líneas de cada pico de la estrella y escribe el nombre de la persona más importante en tu vida.

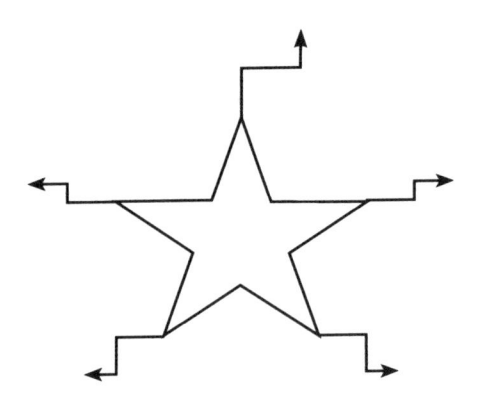

Evalúa de 1 a 10 (de menos a más) tu relación con cada persona. Para ayudarte a evaluar tu relación, otorga un punto por cada valor de referencia de amor sano que le otorgues.

Valores de referencia de amor sano:

- Paciencia
- Tolerancia
- Respeto
- Cuidado
- Confianza
- Fidelidad
- Reciprocidad
- Comunicación asertiva
- Cercanía
- Motivación

Nuestras relaciones son determinantes en la calidad de nuestra vida. Éste es un buen momento para hacer un balance en tu vida.

Para cerrar este paso quiero compartir la adaptación de una conocida oración gestalt:

Yo soy yo y tú eres tú.
Yo no estoy en este mundo para cumplir tus expectativas y,
tú no estás en este mundo, definitivamente,
para cumplir las mías.
Tú eres tú y yo soy yo.
Si en algún momento o en algún punto de nuestras vidas
nos encontramos,
y coincidimos, eso es amor.
Si no, pocas cosas tendremos por hacer tú y yo juntos.
Y eso no te hará menos valioso que yo.
Tú eres tú y yo soy yo.
Falto de amor a mí mismo,
Cuando en el intento de complacerte me traiciono cruelmente.

Falto de amor a ti mismo,
Cuando intento que seas como yo quiero que seas y me olvido
de aceptarte tal y como realmente eres.
Tú eres tú y yo soy yo.

FRITZ S. PERLS

La esencia de las relaciones de pareja, de familia, de amigos o de trabajo está en este poema de Perls, en el que la clave de todo está en amarse a sí mismo para poder amar a los demás sanamente.

Para concluir este paso de vida fundamental en tu proceso, quiero recomendarte que dediques tiempo a tu cuidado personal. Muchas personas buscan sentirse protegidas por los demás, olvidándose de ellas mismas. Inician relaciones de intercambio de chantajes emocionales. Se olvidan de ser libres, y sólo es desde la libertad como podemos conservar la armonía interior.

Sólo cuando te sientas y te vivas como una persona libre estarás listo para elegir pareja.

Actividad de cierre de sesión

Repite todas las mañanas durante una semana:

"Yo decido vivir libremente y sin apegos."

Para proponértelo:

- Sé responsable de elegir cómo te relacionas con los demás.
- Sé responsable de cómo te relacionas contigo mismo.
- Sé responsable de confiar primero en Dios y después en ti.
- Sé responsable de evitar la dependencia emocional a cualquier persona.

Risoterapia

—¿Su nombre?
—Jujujulio.
—¿Es usted tartamudo?
—No. Tartamudo era mi padre y un poco tonto el del registro civil.

¡Sonríe!

Anota brevemente un compromiso personal que decidas cumplir durante la presente semana, reforzando lo visto en el sexto paso:

SÉPTIMO PASO
séptima semana
MI PODER PERSONAL, MI FUERZA INTERNA

*Señor, concédeme la fuerza para cambiar
las cosas que puedo cambiar,
la paz para aceptar las que no puedo,
y la sabiduría para distinguir la diferencia.*

¿Estás dispuesto a tomar riesgos?

Descubrirte implica aceptarte, enamorarte de ti mismo y crecer como persona. Dicho de otra manera, liberarte y arriesgarte a ser tú mismo sin miedo. Este paso se lo dedico a Lucía, una alumna maravillosa que tuvo el valor de descubrir su fuerza interna que la motivó al cambio total.

> Lucía llegó al taller con lentes oscuros. Me habló de que su marido la había golpeado. Hacía unos meses que ella había conseguido un trabajo de medio tiempo para no descuidar a sus hijos y a él no le pareció. Lucía nunca hubiera ido al taller de Desarrollo Humano si no fuera por la gran lección que su hija de cinco años le había dado. Después de la golpiza, ella se maquilló para cubrir las heridas y poder asistir a su trabajo. Mientras se maquillaba y colocaba un parche en la herida de su rostro para simular un accidente, su pequeña tomó una gasa y, mirándose al espejo, trataba de colocarla en

su carita. Su madre, sorprendida, le preguntó "¿qué haces?". La niña, con ojos de admiración, le dijo: "quiero ser cómo tú mamá". Lucía no pudo más, abrazó a su hija y le dijo: "te prometo que seré distinta, la clase de mujer que sea digna de que la admires".

Esto ocurrió hace más de seis años. Me consta que Lucia cumplió. Ahora es más segura, su hija es ya casi una adolescente. Su matrimonio no se salvó, pero definitivamente es distinta la relación entre Lucía y su ex esposo. Ella es el ejemplo de que cuando descubrimos nuestra fuerza interna, nada nos detiene y todo nos impulsa.

Repito mi pregunta inicial: ¿estás dispuesto a tomar riesgos?

Mi fuerza interna

¿Quieres ser feliz? ¿Y quién no? ¡Vaya pregunta! Pero, ¿sabes por qué no has podido serlo hasta ahora? Porque no lo has decidido. No has utilizado la fórmula del poder personal: "Primero yo". Di enfáticamente **"Primero yo"**. Desde pequeños se nos ha hecho creer erróneamente que esto es egoísmo, contrario a los buenos principios.

A cambio, se nos hace pensar que mediante otra persona o de adquirir cierto estatus u objeto podremos lograr la felicidad. ¿Y sabes qué ocurre? Esto termina haciéndonos dependientes. Por favor enfatiza en tu mente: "Nadie ni nada puede quitarte tu felicidad, porque ésta se encuentra dentro de ti".

Ignoramos la tranquilidad mental que es el cimiento de todo. Cada uno está capacitado para ser feliz si así lo decide. Pero, ¿por qué no lo somos? ¿Por qué buscamos la felicidad dónde no está? Nadie, por más buena intención que tenga, puede darnos la felicidad. Si quieres ser feliz, piensa primero en ti. Di "Primero yo". Algunas enfermedades psicosomáticas tales como la anorexia, bulimia, dolor de cabeza, indigestión, gastritis, artritis, reumas, úlcera, estreñimiento, etcétera, son resultado de nuestra forma de vida sin control. Ahora, en este momento, comienza ya a retomar tu poder personal.

Responde brevemente a las siguientes preguntas:

¿Cómo es mi situación actual en relación con mi poder personal?

_____
_____
_____

¿Cómo expreso mis sentimientos?

_____
_____

¿Cómo imagino que podría ser diferente mi vida?

_____
_____

¿Qué concepto tengo de mí? Si te preguntara como si fueras amigo tuyo, ¿qué dirías de ti?

_____
_____
_____

¿Qué enfermedades presentas?

¿Cómo doy y recibo afecto?

¿Qué derechos asertivos tengo frente a los demás?

¿Qué obligaciones tengo respecto a los demás?

¿Qué necesidades personales descubro?

¿Qué motiva mi vida?

¿Cómo actuaría con poder personal en este preciso momento de mi vida?

_____

_____

_____

A lo largo de este capítulo habrás podido darte cuenta de que **"conocernos a nosotros mismos implica recuperar nuestro poder personal"**.

> Sólo puede ser uno mismo quien se conoce de verdad, quien asume la responsabilidad de ser autentico. Sólo puede ser uno mismo quien es capaz de arriesgarse a no ser como los demás esperan que seas. Muchas personas mueren sin haberse arriesgado jamás.

El poder personal se traduce en la capacidad que tenemos de comprometernos con nosotros mismos, es decir, manteniendo bien claros nuestros límites y los de los demás.

Si tú estás recuperando el poder personal, lo notarás al actuar con más seguridad, una mente más tolerante y una actitud abierta al cambio. No abusas del espacio vital de los demás, ni del propio. Te explico: el espacio vital es el territorio necesario entre una persona y tú sintiéndote cómodo.

Haz el siguiente ejercicio. Ponte frente a frente a un amigo o amiga, y pídele que te mire a los ojos. Camina hacia él o ella y que te confirme hasta dónde se siente cómodo contigo. Ese es el espacio que necesita. El espacio vital es el espacio de tolerancia. Entre más insegura es la persona más espacio requiere. Entre más segura de sí misma, menos espacio necesita.

Esta técnica se emplea en ventas con mucho éxito. Algunos vendedores invaden el espacio vital de un cliente tímido y este se presiona tanto que termina comprando.

Lo importante es que a partir de ahora, a nadie se le ocurra abusar de tu espacio, porque irradias una energía especial que impide al otro sobrepasarse contigo.

Toma conciencia de la importancia que tienes. Trátate tú mismo como una persona valiosa y observa los resultados.

A lo largo de mi experiencia personal en diversos cursos del Desarrollo Humano, he llegado a observar lo importante que es recuperar nuestro poder personal.

Te sugiero tres pasos sencillos para hacerlo:

PRIMER PASO: **Conoce tu sentido de vida.** ¿Qué es lo que deseo para mi vida? ¿Qué quiero lograr? Anota los diferentes papeles que desempeñas en tu vida: padre, madre, novio, novia, esposa, esposo, hijo, hermano, trabajador, profesionista, etcétera.

_____

_____

_____

Todos tenemos al menos tres papeles significativos. A continuación escribe qué deseas lograr en cada uno de ellos, tú meta o cómo te visualizas en cada uno de estos papeles.

Papel	¿Cómo quiero verme?

Ahora pregúntate si tus metas se complementan entre sí o se contradicen. Y lo más importante, si estás haciendo ahora lo correcto para lograrlo. Hay quienes afirman que cuando sabemos hacía dónde vamos, hasta los árboles se hacen a un lado para que pasemos.

En el siguiente cuadro, complementa lo que es necesario que hagas para lograr tu objetivo.

Papel	Objetivo	¿Qué cambio debo hacer?

Segundo paso: **Realiza un mapa de acción.** Es un plan de trabajo que te permite visualizar tu éxito. Imagínate con los nuevos cambios en tu vida, y narra a continuación cómo sería esto.

_____
_____
_____
_____
_____
_____
_____
_____

Tercer paso: **Actúa como si...** Desarrolla un programa de acción en el que actúes en cada momento como si estuvieras viviendo el prototipo de persona que deseas ser.

Registra tus reacciones, tus resistencias, las excusas, los miedos que se desatan ante cada nuevo paso:

_____
_____
_____
_____

A continuación te pido que seas realista: anota las ventajas de actuar ejerciendo tu poder personal, y enseguida anota las desventajas de ejercer tu poder personal.

Ventajas de actuar ejerciendo mi poder personal	Desventajas de actuar ejerciendo mi poder personal

El caso de Alberto, un hombre maduro que tomó el taller, lo ejemplifica. Al llegar a este paso se sintió confundido: "Con los cambios que he hecho, nunca pensé que perdería a mis amigos".

Se trata de ser objetivo. Al cambiar, muchas personas que te rodean se sienten inquietas si no se perciben a la altura de tu cambio, y terminan alejándose.

Un buen amigo siempre te acepta. Más aún si sabe que el cambio es en tu beneficio.

Una persona recupera su poder personal cuando actúa eficazmente. Esto representa una serie de comportamientos que delimitan su espacio personal sin socavar los derechos y el espacio del otro.

Los motivos por los cuales algunas personas no ejercen su poder personal es su ineficacia en los siguientes aspectos:

a) No saben cómo actuar porque carecen de modelos representativos. Provienen de familias disfuncionales en las que la figura paterna o materna en su forma de relacionarse sanamente se confunde. No hay papeles definidos.

b) Pensamientos discordantes. La persona se inhibe a sí misma en su actuar debido al elevado nivel de ansiedad que maneja en torno a su contexto personal. Tiene conceptos arraigados que no desea traicionar, porque de hacerlo, siente que traicionaría a las figuras que se los transmitieron.

Ejemplo: Algunas personas mantienen relaciones de pareja inadecuadas por la idea arraigada de que el divorcio es imposible en su familia, ya que de afrontarlo terminarían devaluando sus valores personales.

c) Miedo al cambio. Se traduce en miedo a arriesgarse. Prefieren lo conocido, aunque esto les resulte poco beneficioso, a la inmensa oportunidad de realizar una transformación personal significativa.

Rosa, una mujer joven de treinta años, soltera, que aún vivía en casa de su madre, se negaba a aceptar un trabajo que implicaba que saliera fuera de la ciudad, aun cuando éste le representaba adquirir un nivel económico inmejorable. Pero

Rosa se justificaba argumentando que los viajes la tensionaban, y ella prefería ganar menos y estar en paz. Si esto fuera cierto, la razón sería válida y respetable. Pero no era así. A la historia debe agregarse que la madre de Rosa era excesivamente posesiva, y aun cuando aparentemente apoyaba a su hija, utilizaba todos los recursos para impedir su desarrollo, tales como enfermedades repentinas, actitud victimizarte y otras, por lo que Rosa temía a cualquier cambio, saboteándose a sí misma para iniciar proyectos nuevos.

d) **Magnificar su responsabilidad ante cualquier situación.** Actuando como si todo dependiera de ellas: "Si dejo mi empleo, ¿qué será de mi jefe?", dejando ir oportunidades importantes.

Gerardo vivió esta situación. Durante veinte años trabajó fielmente a su empresa sin pedir aumento alguno durante los últimos seis años. Él recibió una propuesta de otra compañía, pero por no dejar a su jefe, la rechazó, sin siquiera comentarlo. Un año después, su querido jefe lo despidió, ya que necesitaba un elemento más joven. Ni siquiera se lo dijo personalmente. Fue su secretaria quien le entregó su liquidación. La depresión de Gerardo lo llevó a tomar el taller. Este paso le facilitó la toma de conciencia del riesgo que implica vivir sin poder personal.

e) **Desconocer sus necesidades personales.** Están tan alertas a las necesidades de los otros que se olvidan de las propias. Hay alumnos que describen cómo se sienten su pareja, padres y hermanos con tal precisión, que no termina de asombrarme. Cuando les pregunto por sus emociones, simplemente, no saben responder.

¿A quién le estas otorgando tu poder personal?
El poder personal radica en hacerte responsable de tus pensamientos y sentimientos. Cuando ejerces tu poder personal, controlas el ritmo de tu vida.
Expresiones como "me hiciste enojar" o "me haces sufrir" desaparecen de tu vocabulario.

A continuación te comparto una historia muy hermosa que leí hace algunos años:

Había una vez un rey sumamente caprichoso que tenía una hija muy hermosa, a quien quería casar con el hombre que fuera capaz de hacer volar un halcón que nadie hacía volar. Permanecía horas sobre una rama. Llegó un joven astuto que lo consiguió. Al ver volar a la mañana siguiente al halcón por su jardín, el rey le preguntó "¿cómo lo hiciste? ¿Eres mago a caso?" El joven respondió con sencillez: Tan sólo corté la rama para que el ave se diera cuenta de que tenía alas.

¿Dónde reside tu poder personal?
¿A qué rama te aferras?
¿Qué te impide volar?

Quiero que elijas un espacio de poder personal en:

1. Familia
2. Trabajo
3. Desarrollo personal
4. Pareja
5. Salud
6. Espiritualidad
7. Relaciones sociales

¿Cómo te sientes en cada segmento? Con diferentes colores ilumina en el siguiente círculo el grado de satisfacción en que te encuentras en cada uno.

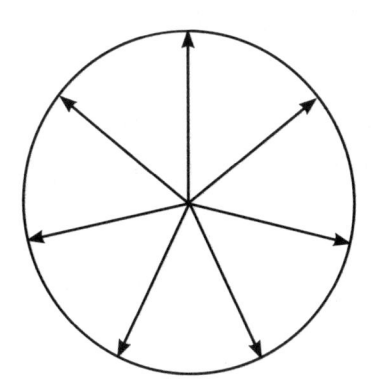

- ¿Qué te impide estar totalmente satisfecho?
- ¿En cada segmento a quién o qué le estás entregando tu poder personal?
- ¿A qué te quedaste enganchado?
- ¿Qué estás esperando para romper tu rama de seguridad?
- ¿Qué te impide volar?
- ¿Qué expectativas personales no estás cumpliendo?
- ¿Cuando los demás te desaprueban, dónde pones tu poder?
- ¿Qué haces cuando los demás te dicen que no es posible lo que deseas?

Para los chinos existen tres poderes:
El poder del cielo que marca tu destino, el poder de la tierra que es la energía y el poder personal, que son nuestras acciones dirigidas a nuestros ideales. Este último poder lo generamos día a día.

El poder personal implica romper tus propios límites.
El poder personal radica en nuestro conocimiento.

Trabajemos paso a paso en retomar tu poder personal:

¿Cómo eres cuando estás alegre?

_____
_____

¿Cómo eres cuando estás sorprendido?

_____
_____

¿Cómo eres cuando tienes miedo?

_____
_____

¿Cómo eres cuando te enojas?

_____
_____

¿Cómo eres cuando te preocupas?

_____
_____

¿Quiénes son las personas más importantes de mi vida?

_____
_____

¿Qué es lo más importante en mi vida?

¿Quiénes guían mis decisiones?

¿Quién o quiénes han manejado mi vida hasta hoy?

Mi equipo de poder personal radica en: mi mente, mi fuerza de voluntad, mi fuerza física, mi fuerza emocional.
Radica dentro de mí.
Mis límites son mi propia mente, mis miedos, soy yo mismo.

¿Qué aspectos de mi vida han quedado fuera de la esfera de mi poder personal?

Escribe una idea motivadora que te libere.

¿Qué ideas te convendría reevaluar?

_____
_____
_____
_____

Cada uno de nosotros tiene un poder interno capaz de lograr todo aquello para lo cual hemos sido enviados a este mundo. Estoy hablando de tu misión personal.

Cada uno de nosotros tiene las cualidades necesarias para hacer lo que debemos hacer. Lo que nadie más puede hacer por nosotros.

Descubre tu poder personal y úsalo. Igual que al halcón, date permiso de volar.

Proceso de toma de poder personal

Durante la siguiente semana darás seguimiento a una propuesta que represente tu toma de poder. Al terminar el día, justo antes de dormir, evalúa:

Si lo lograste (*)
Casi lo lograste (/)
No lo lograste (--)

Y descubre el grado de tu bloqueo personal.

Ejemplo:

Meta: Conservar una actitud positiva.

Día	Semana 1	Semana 2
Lunes		
Martes		
Miércoles		
Jueves		
Viernes		
Sábado		
Domingo		

Conclusiones personales:

_____

_____

Para recuperar tu poder personal toma las riendas de tu vida. Montaigne dijo:

"Cada persona es tan buena o tan mala como piensa que es".

Tomar el control de nuestra vida es parte de nuestro crecimiento personal. Sé quien tienes que ser y muéstrate orgulloso de ello.

Actividad de cierre de sesión

Repite todas las mañanas durante una semana:

"A partir de este momento vivo plenamente mi poder personal".

Para proponértelo:

- Sé responsable de ejercer tu poder personal en tu vida.
- Sé responsable de cómo respetas tus decisiones personales.
- Sé responsable de cumplir tus objetivos.
- Sé responsable de reconocerte capaz de ejercer tu poder personal.

Risoterapia

Un empresario comenta en secreto con su socio:
—Es lamentable, pero estamos en la quiebra.
—¿Qué haremos con el personal? preguntó el socio.
—Tendremos que ocultarlo.
—Justamente fue lo que les acabo de decir a los periodistas.

¡Sonríe!

Anota brevemente un compromiso personal que decidas cumplir durante la presente semana, reforzando lo visto en el séptimo paso:

OCTAVO PASO
octava semana
APRENDIENDO A VIVIR

> *Los grandes espíritus siempre han tenido que luchar contra la oposición feroz de mentes mediocres.*
>
> Einstein

Es necesario comprender la necesidad de aprender a vivir. Aprender a vivir es encontrarle sentido a tu vida. Encontrar el camino por el cual dirigir tus pasos. Darle calidad a tu vida.

¡Una existencia sin sentido no es vida!

Iniciemos este paso reflexionando sobre las cualidades que consideras necesarias para ser feliz según tu concepto personal:

1. _____
2. _____
3. _____
4. _____
5. _____

Otro ejercicio

Realiza tu árbol de la vida, completando cada segmento:

a) En la raíz coloca toda la información que representa el aprendizaje en tus primeros años: miedos, apoyos, frases de motivación, limitaciones...
b) En el tronco señala tus cualidades y defectos.
c) En los frutos, tus logros personales o acontecimientos significativos.

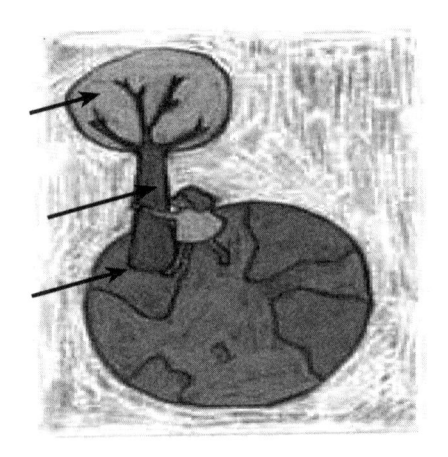

Vamos armando nuestro propio rompecabezas. A continuación, escribe tu respuesta brevemente:

¿Qué has aprendido hasta el momento sobre ti mismo y cómo lo has usado en tu crecimiento personal?

_____
_____
_____

Sigamos trabajando...

¿Cómo te pinta la vida?

La siguiente actividad te muestra un panorama de tu vida a color.

Coloca en tu arcoíris el color que representa cada segmento. Asocia los colores de la siguiente forma:

Rojo: Entusiasmo o fuerza.
Naranja: Energía y alegría.
Azul: Felicidad.
Violeta: Satisfacción.
Negro: Tensión, indiferencia, disgusto.
Verde: Tranquilidad.
Gris: Con necesidad de cambio. Cansancio.

1. El primer arco representa tu vida personal.
2. El segundo, tu vida familiar.
3. El tercero, tu vida de pareja.
4. El cuarto, tu vida de trabajo.
5. El quinto, tu salud física.
6. El sexto, tus finanzas.
7. El séptimo, tu vida espiritual.

Ahora responde, ¿qué tal te está pintando la vida?

_____

_____

_____

Todos tenemos un asistente interior, esa voz discreta que nos dice qué hacer y qué pensar. Esta parte de nuestra mente, según los expertos, es responsable de 90% de nuestras ideas, el resto corresponde a tu mente consciente. Pues bien, el cómo son tus pensamientos se ve reflejado en tu rostro, sin que tú lo llegues a percibir.

Ejercicio

Utiliza un espejo. Observa tu rostro y sé honesto, ¿muestra alegría?

Lee el siguiente pensamiento con atención:

"Una sonrisa cuesta poco y produce mucho.
No empobrece al que la da y enriquece al que la recibe.
Dura un instante y perdura eternamente en el recuerdo.
Una sonrisa alivia al cansancio.
Renueva los lazos.
Es consuelo en la tristeza.
Es valor desde el comienzo.
Sé generoso y da tu sonrisa,
Porque nadie tiene tanta necesidad de una sonrisa,
Como quien no sabe sonreír".

CHARLES CHAPLIN

¿Qué miras en el espejo?
Las personas somos tan felices como nos disponemos a serlo.

Menciona tres formas positivas de comenzar el día:

_____

_____

_____

Hay quien dice que si tienes un limón... hagas limonada.

¿Cómo puedes aplicarlo en tu vida en este preciso momento?

_____

_____

_____

Aprender a vivir significa desarrollar la capacidad de ser pacientes. Saber vivir significa saber esperar.

Los seres humanos, al relacionarnos, nos encontramos con una serie de exigencias sociales acordes a nuestro género. A todas ellas terminamos adaptándonos, viviendo en la ansiedad, la culpa y desesperación.

Los hombres y las mujeres nacimos para estar en paz con nosotros mismos y llenos de alegría profunda. Las personas no fuimos hechas para la tristeza.

El secreto está en satisfacer las necesidades fundamentales que son:

a) Un verdadero y profundo amor por ti mismo.
b) Aceptación de ti mismo.
c) Aprecio auténtico por ti mismo.

El ser humano no puede estar en paz con otros si no está en paz consigo mismo.

Esto implica que la imagen que tenemos de nosotros es determinante para nuestro comportamiento. Cuando fracasamos en el intento de obtener una imagen satisfactoria de nosotros mismos, tenemos cinco salidas:

1. Deprimirnos, sustituto efectivo de la autodestrucción.
2. La ira, que no es más que el miedo extremo.
3. Evasión de la realidad. Tropezar de nuevo con la misma piedra infinidad de veces.
4. Somatizarlo por medio de una enfermedad.
5. Adicciones, una forma de disolver nuestro dolor.

Nos olvidamos de la esencia del dolor como un verdadero maestro que nos muestra nuestro presente y nos confronta con la forma en que hemos elegido vivir.

Vivir sin conocernos y sin escuchar nuestras emociones no es vivir, aun cuando hay que resaltar que durante años nos han enseñado a hacerlo; juzgamos constantemente nuestras emociones, provocando conflictos de valores aprendidos sin cuestionarlos jamás.

Recuerda: en el proceso de la vida el ser humano siempre resulta ser más grande que sus problemas.

Realiza tu pirámide de desarrollo personal. Coloca a cada bloque un título representativo de tu estructura de vida, colocando en la base los elementos que te sostienen.

Ejemplo de mi pirámide personal:

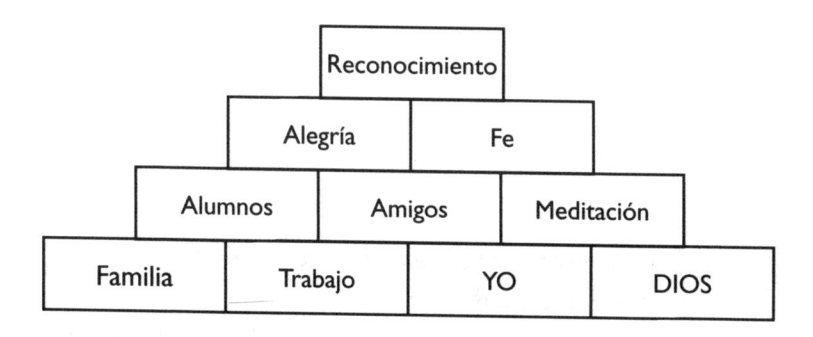

		Reconocimiento		
	Alegría		Fe	
Alumnos		Amigos		Meditación
Familia	Trabajo		YO	DIOS

El ejercicio es tan sencillo como anotar al azar las palabras que vienen a tu mente como elementos importantes hasta ahora para ser quien eres. Pueden ser personas, bienes materiales, valores.

Una vez realizado lo anterior, coloca en la base de tu pirámide lo más importante y en el último peldaño lo menos significativo. Hazlo ahora:

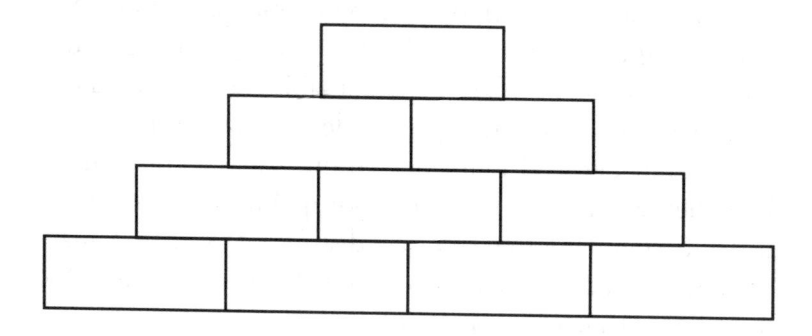

Enseguida, detenidamente, revisa cómo te encuentras en cada segmento de tu pirámide, y en el siguiente espacio anota tus observaciones:

Eres de los que viven su vida a cada instante o sólo vives pendiente para llegar al final de ella.

Vivir preocupados es la adicción del momento. Buscamos incesantemente la felicidad fuera de nosotros. Estamos en constante movimiento, tal y como el conejo del cuento de Alicia en el país de las maravillas, sin saber a dónde vamos, pero con mucha prisa porque vamos tarde. Nuestra meta es lograr cosas, no disfrutarlas. Esto nos genera una sensación de insatisfacción permanente. Yo era de las que estando en mis vacaciones aprovechaba el tiempo planeando las próximas. Suena absurdo pero así lo hice hasta que tomé conciencia. La vida que soñamos la proyectamos al futuro. Nos concentramos en llegar a la felicidad y nos olvidamos de disfrutar el camino. Mi abuela era una sabia, siempre decía que lo importante de un buen platillo de comida era el disfrutar de su sabor desde el momento en que salías a comprar los ingredientes. Ahora comprendo por qué hijos, nietos y bisnietos no reuníamos en su casa a disfrutar de su compañía.

Dime una cosa, ¿estás disfrutando de tu vida ahora? ¿Qué te está enseñando la vida ahora?

Definitivamente en cada día hay una maravillosa sorpresa para quien cada día la busca.

Se trata de que en este paso tomemos conciencia de vivir mejor la vida.

Has un resumen de lo que más aprecias de estar vivo:

¿Tienes confianza en la vida?

Dios tiene grandes planes para ti. Tan sólo déjalo hacer su labor.

La necesidad de un programa de espacio personal:

Algunas veces nos descubrimos regateando al día tiempo personal. Tiempo de crecimiento, tiempo de conocimiento. Tiempo de amarnos y conocernos. Una regla que me he impuesto es tomar al día una hora para mí. En ese espacio puedo leer, escribir, dibujar o hacer nada. Tiempo para platicar conmigo.

Lo anterior me ha permitido atravesar por pruebas intensas sin desfallecer. Cuento conmigo misma. Soy mi mejor amiga.

¿De cuánto tiempo dispones al día para estar contigo? ¿Disfrutas de tu compañía? Sé tu propia meta: No busques que otros cambien. Trabaja contigo. Sé tu propio reto. Crea tus experiencias. Busca que los cambios se generen por ti. Perdemos tanto tiempo queriendo cambiar lo de afuera. Miramos la paja en el ojo ajeno y no vemos la viga en el propio.

¿Cuánto tiempo hemos invertido en cambiar a nuestra pareja? ¿Lo hemos logrado? ¿Qué podríamos cambiar en cada uno de nosotros para vivir la situación con más armonía?

Sergio buscaba ser aceptado. Se desvivía por llamar la atención de los demás, pero siempre terminaba sintiéndose incapaz. Aplicó el principio de ser su propia meta. Dirigió su atención a no necesitar aprobación de los demás. Hoy su vida es menos agotadora, y definitivamente se ha vuelto más popular.

Más allá de tus temores

Para poder disfrutar de nuestra vida tenemos que estar conscientes de nuestros miedos.

El miedo puede ser un mecanismo de sobrevivencia que nos permite mantener el equilibrio. Pero el miedo también puede ser paralizante y un obstáculo para nuestro desarrollo personal.

El miedo es una emoción que es parte de la naturaleza humana, que se ve reforzada o matizada a través de la propia educación, el entorno, la cultura, etcétera.

Los griegos lo explicaban a través de la mitología: Venus, diosa del amor, mantuvo un romance con Marte, dios de la guerra. De él nacieron cinco hijos: Cupido (dios del amor erótico), Anteros (dios del amor correspondido), Cocordia (diosa del equilibrio y la belleza), Fobos (la fobia) y Deimos (el miedo). Como vemos, el miedo, por tanto, procede de la unión del amor y la guerra conforme a la mitología.

Es decir, el miedo surge cuando amamos algo y tememos perderlo. Es una guerra interna que paraliza.

Pero para vencer el miedo primero hay que conocerlo, identificarlo.

¿Cómo es tu miedo?

Si pudieras ponerle un color, ¿qué color sería? Si pudieras darle una forma, ¿cual sería?

_____

_____

_____

_____

Existen varios pasos que podemos enumerar para evitar que nuestro miedo nos domine. Estos pasos han sido propuestos por mis alumnos durante el desarrollo de un taller denominado "Vivir sin miedos". Revísalos y observa cómo sería aplicarlos en tu vida:

1. Aceptar que tenemos miedo. Identificarlo y darle nombre. Este paso tan sencillo no lo es en la práctica. Se requiere de mucho valor y de interiorización para lograr hacerlo.

    A fin ayudarte a identificarlo, puede funcionarte la siguiente pregunta. Sin pensarlo mucho, responde: ¿qué es lo que más te motiva en la vida? Alcanzar un objetivo, tu familia, el dinero, ser aceptado, tu trabajo, etcétera.

Por ejemplo, si tu motivación es ser el centro de atención, tu mayor miedo será no ser aprobado. En función a lo que nos motiva surge el miedo a perderlo.

2. El miedo es una amenaza, por lo tanto, ante una amenaza clarifica en tu mente las posibles consecuencias. Muchas veces es mayor el juego que nuestra mente hace que lo que la realidad nos ofrece.
Todos sentimos miedo en la vida, gracias a él hemos sobrevivido como especie. La meta es liberarnos del miedo que nos paraliza. Dejar de buscar todas las garantías para obtener mejores resultados.

3. Afróntalo. Pon atención en tus verdaderos temores. Aprende acerca de ellos. ¿Cuál es la historia de tus miedos? ¿Para qué te sirve ese temor? Si no lo tuvieras, ¿qué sería diferente?
El temor nos impide disfrutar de nuestra vida.
Las personas suelen estancarse en la vida a causa de no enfrentar sus miedos.

Date permiso de ser feliz:

¿Cómo pretendes hacer felices a los demás, si tú no eres feliz?
¿Crees que mereces ser feliz? Aunque te suene extraño, deberás. ¿Lo crees? El poder de la mente es increíble, recuerda la llamada ley de la atracción: atraemos aquello en que pensamos.
Hagamos el siguiente ejercicio: Anota en el siguiente dibujo qué representa la calidad de tus pensamientos. Los primeros tres pensamientos que percibas. ¡Qué cansado! ¡Yo puedo! ¡Jamás lo lograre!
Revisa la calidad de tus pensamientos.

Cómo te percibes a ti mismo después de observar cómo piensas.

Nuestra calidad de vida depende de la calidad de nuestros pensamientos.

Si deseas ser feliz, revisa cómo eliges vivir cada día, cómo enfrentas tus miedos cómo los acaricias o los dejas ir. ¡Tú decides!

Aprender a vivir es un reto que no admite rechazo. Implica responsabilidad y crecimiento. Implica intención y dirección.

Vivir es la oportunidad de poner en marcha todo lo que queremos.

Hace falta que cada vez más personas se decidan a vivir, a avanzar sobre un objetivo. Mostrar al mundo que vale la pena Vivir.

Son inconcebiblemente variables las posibilidades que nos ofrece cada día. Así que si no tienes lo que quieres, te puedes pasar la vida llorando y hasta imaginar que ese era tu destino. Para vivir hay que atreverse a salir más allá de los muros que nos protegen, ¡Arriésgate, la vida está allá afuera!

Tener pensamientos de fracaso, sentirte víctima, querer conformarte o sentirte desanimado y sin esperanzas es una forma de sabotearte la oportunidad de vivir la vida que tú quieres.

Como dijo William James: "El ser humano puede cambiar su vida cambiando sus actitudes. Como no podemos controlar todas las circunstancias de nuestra vida, a nosotros nos corresponde reconocer las diversas maneras en que contribuimos a esas circunstancias. Necesitamos aprender que tenemos poder para cambiar nuestras actitudes ante los problemas de nuestra vida. Sólo usted vive su vida".

Actividad de cierre de sesión

Repite todas las mañanas durante una semana:

"Mi vida es el reflejo de mis decisiones.
Me amo y me cuido en todo momento".

Para proponértelo:

- Sé responsable de las elecciones que haces cada día.
- Sé responsable de vivir sin actuar como víctima de las circunstancias.
- Sé responsable de vivir feliz.
- Sé responsable de vivir cada instante intensamente.

Risoterapia

Un hombre está enamorado de la trapecista de un circo y decide declarársele, así que llega a donde está la muchacha y le dice:
—Me gustas mucho. ¿Quieres ser mi novia?
—No puedo, tengo novio.
Él insiste:
—Y tu novio, ¿es celoso?
Ella responde:
—No, es el payaso.

¡Sonríe!

Anota brevemente un compromiso personal que decidas cumplir durante la presente semana, reforzando lo visto en el octavo paso:

NOVENO PASO
novena semana
RECUPERANDO MI LIDERAZGO PERSONAL

Alguien debería decirnos desde el principio que vamos a morirnos. Así, tal vez viviríamos la vida al límite cada minuto de cada día. ¡Hazlo!, digo yo. Sea lo que sea, hazlo ahora.

MICHAEL LANDON

¿Qué es un líder?
¿Por qué es tan importante el liderazgo?
Hay quienes afirman que una persona es buena cuando hace aquello para lo que fue hecha. En la mayoría de los cursos motivacionales, la palabra liderazgo arrastra masivamente. Todo mundo quiere ser líder, todos quieren tener un hijo líder, todos admiran al líder.

Un cuento para pensar...

Cuentan por ahí que un hombre inteligente, dedicado a la arquitectura y reconocido por la empresa en donde trabajaba, fue llamado por el dueño del negocio, pues le tenía una solicitud muy especial. Quería una casa con un diseño confortable, y le pedía que no escatimara en gastos, ya que para el dueño era importante la calidad del inmueble.

El arquitecto salió motivado como siempre, pero esta vez tenía carta abierta en la compra de materiales para construir el inmueble, y si sabía manejarlo, esto podía ser una oportunidad, ya que bajando un poco la calidad del material, por el monto de la obra tendría ganancias extra.

Así, fue regateando en la calidad de la obra en beneficio de su bolsillo. Pensaba para sí: "los detalles saldrán a largo plazo, diez o doce años. Quién sabe si seguiré trabajando en la empresa".

Llegó el momento de entregar la obra. Como él esperaba, el dueño de la empresa no se percató de los detalles.

Grande fue su sorpresa cuando el dueño le entrega las llaves. "Es para usted arquitecto, por tantos años de excelente servicio. Por ello no escatimamos ni un poco en la calidad del material. Como dije en un principio, era para alguien importante".

Ya te imaginarás cómo se sintió aquel hombre, se ganó unos pesos inadecuadamente y terminó dañándose a sí mismo.

¿Cuántas veces has escatimado en tu obra? ¿Cuántas veces te has regateado tiempo de descanso o de crecimiento personal?

Para ser líder se requiere reunir una serie de atributos, además de la honestidad. Revisa en la lista que te presento cuántos de ellos posees.

Un líder...

- ➤ Sabe quién es...
- ➤ Conoce sus fortalezas y debilidades...
- ➤ Sabe cómo desplegar sus fuerzas y como compensar sus flaquezas...

- Sabe lo que quiere y por qué lo quiere.
- Sabe cómo comunicarse con los demás para ganar su capacidad de aprender.
- Es disciplinado.
- Conoce la sencillez.
- Respeta la diferencia.
- Tiene espíritu de equipo.
- Es entusiasta.
- Es alentador.
- Es oyente.
- Es trabajador.
- Pone el ejemplo.
- Conoce a las personas por su nombre.
- Reconoce cualidades en los demás.
- Da crédito a quien lo merece.
- Es un buen comunicador.
- Respalda las ideas de los demás.
- Inspira lealtad.
- Da apoyo.

Pero un líder, ¿nace o se hace?

Cualquiera puede desarrollar habilidades para volverse un líder eficaz.

El primer paso para llegar a serlo es encontrar nuestras respuestas internas.

Si tú quieres ser un líder, deberías revisar los siguientes aspectos en tu vida:

- Un líder sabe lo que quiere. Tiene esa fuerza interna para lograr sus objetivos sin amedrentarse ante las adversidades. Establece metas y da seguimiento a las mismas hasta lograrlas con éxito.
- Un líder vive con pasión todo lo que hace. Ama cada cosa que hace: "Si no haces lo que amas, entonces ama lo que haces".
- Un líder está consciente de sus debilidades. No las ignora. Las conoce y las afronta constructivamente.
- Un líder siempre está aprendiendo de los demás, de cada situación o acontecimiento.
- Un líder sabe arriesgarse, no es sólo un espectador. Se anima a hacer el cambio, pues sabe que todo cambio en su vida depende de él.
- Un líder es empático. Percibe las emociones de los demás, las respeta y se hace partícipe de las mismas.

Receta para ser líder

Suena atractiva la forma de vida de un líder. Pero vayamos a la acción. ¿Estás listo para descubrir tu liderazgo personal?

◆ Toma el control de tu vida: En una ocasión una alumna del taller que había logrado salir de una relación destructiva y retomar su liderazgo comentaba que se sentía como si de pronto estuviera al mando de su vida, cuando siempre había permitido que su pareja marcara su dirección.

◆ Asume la responsabilidad por todo lo que te pase. Si eres feliz es por tu causa y si no lo eres, también.

- Transmite una actitud positiva y dinámica en todo lo que hagas. Es importante que tomes conciencia de la actitud con la que tomas la vida. ¿Qué haces cuando te enfrentas a situaciones complicadas? Las actitudes tienen siempre una raíz psicológica y cuando ponemos atención percibimos raíces emocionales.

- Cuando te enfrentas a una situación difícil, ¿en qué aspectos pones énfasis? Si te concentras en lo difícil, aburrido o complicado y haces a un lado lo positivo, divertido o el aprendizaje, te tornas en una persona con una actitud negativa. Las personas con actitud positiva se convierten por naturaleza en los líderes de los grupos.

- Existe una técnica que disfruto mucho para mantener una actitud positiva. Consiste en darme tiempo para encontrar en lo más difícil un aspecto divertido o gracioso. Cuando tomé una capacitación como Risoterapeuta descubrí lo valioso de este principio. Parte de mi trabajo consistía en portar una nariz de payaso durante una semana sin retirármela ni para dormir. En un principio estaba al pendiente de las reacciones de los demás, después del tercer día ya lo había olvidado. En una ocasión, durante esa semana, le llamé la atención a mi hijo adolescente por el desorden de su cuarto. Su risa no se hiso esperar, "Te ves graciosísima regañándome así". No sólo limpió su cuarto de inmediato, sino que disfrutamos juntos un buen rato de carcajadas. Las cosas más serías de la vida debemos tomarlas con gracia.

- Acepta la crítica. Aprende de tus propios errores. No seas tan duro contigo mismo. Permite amar tu imperfección y así serás más tolerante con la de los demás.

- Otorga el crédito cuando sea necesario y a quién lo merezca. Comparte créditos. No quieras acaparar toda la atención.
- Transforma los desastres en oportunidades y convierte los obstáculos en triunfos personales.
- Determina metas realistas y esfuérzate por lograrlas.
- Cuando quieras decir algo importante, hazlo en persona y sin intermediarios.

Conclusiones

- Nadie nace siendo un Líder.
- Puedes convertirte en un líder a través de disciplina, paciencia y aprendizaje.
- Un líder debe saber motivarse en cualquier momento.
- Un líder disfruta TODO momento.

> El éxito se equipara a escalar una montaña:
> antes de iniciar la ascensión, el alpinista se prepara
> física y mentalmente, y elabora un plan de ascenso.
> Cuando empieza a subir lo hace poco a poco,
> y cuando alcanza la cima,
> se prepara para conquistar una montaña más alta.

¿Cuál es tu montaña?

_____

_____

Uno de los grandes problemas de la sociedad es que hay muchas personas con gran potencial viviendo en el fracaso.

Auto obsérvate de no estar viviendo con la cubierta del fracaso, siendo un líder en potencial máximo.

¿Cuál es tu misión? Soy un ser humano cuyo propósito principal en mi liderazgo es...

_____
_____
_____

¿Cuáles son tus principales valores que te identifican como líder?

_____
_____
_____

Quiero ser...

1. _____
2. _____
3. _____

Quiero tener...

1. _____
2. _____
3. _____

Visión
¿Qué quiero ser?

¿En qué tiempo?

¿Para qué cambiar?

¿Con qué cuento?

¿Qué necesito?

¿Con qué cuento?

En el siguiente espacio crea un símbolo para tu liderazgo personal. Algo que represente tu fortaleza. Un símbolo que signifique la esencia de tu poder personal. Es muy importante que utilices tu creatividad. Usa todos los colores que desees y plasma tu idea.

Ésta es una forma de gestionar la atención del inconsciente.

Durante un seminario público sobre el liderazgo, tuve la oportunidad de conocer a una maravillosa mujer, Evelia, de 83 años de edad. A todos los sorprendió con su energía y participación. Cuando llegamos a la etapa del proyecto de vida a 10 años, con una encantadora sonrisa mencionó que ella lo haría diferente, pues tenía cáncer y los doctores la habían desahuciado. "Hay tantas cosas que aún deseo hacer, que definitivamente mi proyecto debe ser a corto plazo, por día", y así lo hizo.

Ser líder es tomar la responsabilidad de tu proceso personal sin sentir lástima o miedo por ti mismo. Ser líder es hacerte responsable, como hasta ahora lo has hecho con cada paso a lo largo de este libro.

Un líder se compromete principalmente consigo mismo y no se hace una promesa que no sea capaz de cumplir.

Un líder vive su vida con calidad, se hace sumamente responsable de sus decisiones –la calidad humana consiste simplemente en mostrar lo mejor que tenemos, nuestra mejor cara ante la vida, todos los días–, no vive al pendiente de las críticas y censuras, no se quebranta con las caídas y se levanta cuantas veces sea necesario.

Un líder crece cada día imponiéndose nuevos retos y trabajando en cumplirlos.

Actividad de cierre de sesión

No esperes cosas mejores si siempre haces lo mismo.

Repite todas las mañanas durante una semana:

"Acepto mi potencial cómo líder y abandono el fracaso".

Para proponértelo:

- Sé responsable de amar lo que haces.
- Sé responsable de adquirir nuevos hábitos como líder.
- Sé responsable de tus aportaciones como líder en tu entorno social.
- Sé responsable de amar lo que haces.

Risoterapia

—Mamá... en la escuela me llaman el monstruo.
—No les hagas caso, hijito...
y ahora cierra tus tres ojitos y duérmete.

¡Sonríe!

Anota brevemente un compromiso personal que decidas cumplir durante la presente semana, reforzando lo visto en el noveno paso:

DÉCIMO PASO
décima semana
SANANDO MIS HERIDAS EMOCIONALES

*Cada hombre sobre la faz de la tierra
tiene un tesoro que lo está esperando...
Pero, desgraciadamente,
pocos siguen el camino que les ha sido trazado,
y que es el camino de la Leyenda Personal y de la felicidad.*
PAULO COELHO

Este paso pretende facilitarte la reconciliación con tu historia personal. Es una lucha intensa entre tu consciente y tu inconsciente.

El papel de nuestros padres

Gran parte de los alumnos de los talleres vivenciales que imparto manifiestan un serio conflicto al hablar de sus padres. Pareciera un tema vetado, y muchos de ellos reflejan en su rostro dolor al hablar de su experiencia.

En algunas situaciones, es el conflicto no trabajado con la familia de origen lo que provoca en la etapa adulta relaciones disfuncionales.

¿Para qué volver la vista atrás?

Los padres siembran en nosotros semillas emocionales de amor, respeto, independencia, miedo, obligación y culpa.

Los padres son humanos y tienen, como tales, muchos problemas al igual que aciertos.

Pero algunos problemas heredados inconscientemente a los hijos son perjudiciales para su desarrollo. Por eso, el ponerlos a la vista permite al alumno observarlos a distancia, y aportar soluciones más creativas y menos dolorosas a su vida.

Ejercicio de regresión

Cuando eras niño...

- ¿Te insultaban?
- ¿Te criticaban destructivamente?
- ¿Se valían de dolor físico para corregirte?
- Los adultos de tu entorno familiar ¿se emborrachaban o drogaban?
- ¿Se mostraban deprimidos al grado de que tuviste que cuidar de ellos?
- ¿Hubo abuso de algún tipo?
- ¿Tenías miedo a expresarte con tus padres?

Como adulto...

- ¿Mantienes relaciones destructivas?
- ¿Tienes miedo a que te abandonen?
- ¿Esperas lo peor de la vida?
- ¿Se te hace difícil saber qué sientes y poder expresarlo?
- ¿Te sientes angustiado con el éxito?
- ¿Te enojas o entristeces sin razón alguna aparente?

- ¿Te sientes poco satisfecho de tus logros personales?
- ¿Te cuesta relajarte o divertirte?
- ¿Te descubres actuando como tus padres en ocasiones?
- ¿Tus padres siguen tratándote como si fueras un niño?
- En tu vida, ¿basas tus decisiones en el punto de vista de tus padres?
- ¿Sientes miedo de tener una opinión diferente a la de ellos?
- ¿Te sientes responsable de sus reacciones?

¿Es sano liberarnos de la influencia de nuestros padres?

Nuestra cultura ampara lo contrario. Eso dificulta el proceso de cortar los lazos y aceptar que esto no sólo es sano, sino indispensable. Cuando puedas bajar del pedestal a tus padres, y puedas verlos al mismo nivel con ojos de aceptación y tolerancia, los reconozcas imperfectos y los liberes, terminarás liberándote tú mismo.

Al retomar el control de tu vida no traicionas a tu familia. Simplemente le das a cada situación su dimensión natural de dolor o placer. Recuerda que eres alguien muy importante, y quererte y protegerte de ninguna forma es incorrecto.

Fuera de culpas

Si te sorprendes constantemente eligiendo una y otra vez parejas inadecuadas, es el momento de comenzar a soltar situaciones o personas a las que has vivido atado adictivamente.

Ejercicio

Coloca dos sillas, una frente a otra. Enciende una música suave. Relaja tu cuerpo. Respira profundo. Con los ojos cerrados visualiza frente a ti a papá, y habla con él sin temor a lastimarlo. Dile cómo te sientes respecto a su relación contigo. ¿Qué ya no estás dispuesto a seguir tolerando? También menciona todo aquello que le agradeces.

Ahora realiza el mismo ejercicio con tu mamá. Busca aceptar sinceramente a cada uno de ellos, y libérate simbólicamente de su influencia.

Esto, lejos de lo que piensas, te acercará aún más a ellos, desde un plano más sano de convivencia.

Algo que tal vez vivías era:

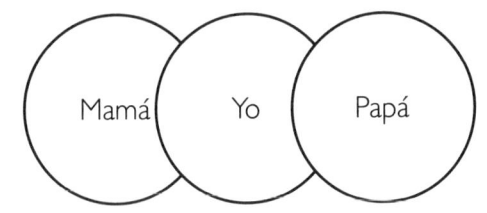

Mamá   Yo   Papá

Lo que ahora pretendo que descubras:

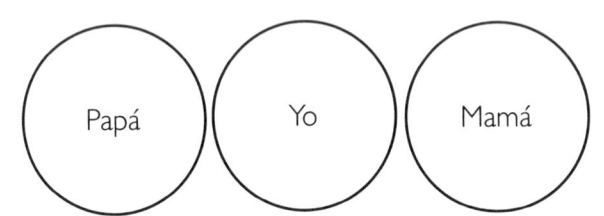

Papá   Yo   Mamá

La imperiosa necesidad de un espacio vital entre ustedes. Fuera de culpas y resentimientos, y desde un amor maduro.

Recursos

Uno de los recursos más importantes de que se vale la Programación Neurolingüística para trabajar las emociones es **la relajación**. Dependiendo de la técnica, se puede obtener una relajación física, psicológica o ambas.

Un modelo de relajación

Toma conciencia de tu respiración. No la modifiques. Siéntete vivo por la simple razón de que estás respirando.

Observa cómo tu respiración cada vez se hace más suave, más lenta, más profunda. Siente tu cuerpo, tu cabeza, tu cuello, tu espalda, tu pecho, tu cadera, tus piernas y tus pies.

Escucha los latidos de tu corazón. Toma conciencia de la corriente de tus pensamientos. Déjalos ir como quieras. Libera tu mente de pensamientos.

Siente cómo tu mente fluye como un fresco manantial. Dibuja mentalmente tus rasgos... de qué color son tus ojos, que forma tiene tu boca, tus mejillas, tu barbilla, orejas y cuello.

Forma una imagen nítida de lo que piensas de ti mismo.

Descubre si hay tensión en alguna parte de tu cara, de tu cuello. Relájalos. Afloja los músculos. Siente la emoción que percibe tu cuerpo de estar relajado y en paz.

Deja que se disipen las tensiones de cada parte de tu cuerpo, los hombros, la espalda, brazos, manos y dedos. Observa cómo cada parte se suelta paulatinamente con sólo una orden mental que emana de ti mismo.

Escucha de nuevo tu corazón, sus latidos, el ritmo palpitante de la vida. Siente plenitud en todo el cuerpo. Percibe una suave brisa acariciándote. Siente la relajación profunda. Percibe la verdadera esencia de la relajación.

Estás consciente aquí y ahora. Anota a continuación los resultados de tu percepción personal después de hacer el ejercicio:

_____

_____

_____

Espero que hasta ahora hayas podido darle un mejor sentido a tu percepción personal.

Recuperando mi salud física y emocional

Al sacar nuestros demonios, debemos tener cuidado de que nuevos demonios más poderosos que los primeros pretendan atacarnos.

Si ya hemos trabajado el perdón y la liberación, para con nosotros mismos, cerremos este paso estableciendo los cuatro pilares de la salud física y mental:

1. **La calidad de nuestras relaciones.** Nuestra historia personal es un reflejo vivo de la forma en que nos hemos relacionado.

    Varios alumnos me han preguntado por qué razón siempre escogen parejas que los abandonan. El descubrir en su historia personal la forma en que han vivido el abandono les permite entender la intensidad de revivir su dolor.

2. **El conocimiento y compromiso con nuestros objetivos de vida.** Si logramos establecer con claridad nuestros objetivos, difícilmente pueden los otros cambiar la dirección de nuestro rumbo. Si observas, no sólo se trata de conocer tus objetivos, sino establecer un serio compromiso con los mismos.
3. **La confianza en nuestra intuición personal.** Nada me ha dado más placer en mi experiencia personal como terapeuta que el desarrollo de la intuición. El encontrar las respuestas dentro de nosotros mismos.

La historia de Rita nos muestra algo al respecto:

> Rita es una mujer joven con expectativas poco claras sobre el rumbo que habrá de tomar su vida. Conoció a Rafael cuando se encontraba tramitando su divorcio. Rafael se mostró atento pero distante; curiosamente eso es lo que atrajo más a Rita.
> Decidieron vivir juntos. Para ello simuló una boda, pues Rafael aún no había concluido su divorcio. A los pocos meses de vivir juntos Rafael le gritaba a Rita que ella no era su mujer, por lo tanto no podía exigirle nada. Las discusiones fueron aumentando hasta que Rafael se fue de la casa. Un año después Rita lo encontró con su esposa, se dio cuenta que seguían casados y que nunca disolvieron su matrimonio.
> Rita cayó en una profunda depresión. Llegó a estar internada en un hospital psiquiátrico. Justo cuando estaba mejorando su situación, Rafael vuelve a buscar a Rita y le pide una oportunidad. Rita estaba confundida, no sabía si debería intentarlo de nuevo.
> La historia personal de Rita, observada detenidamente, puede ser una gran oportunidad de crecimiento personal.

¿Qué lección de vida omitió reconocer?

_____
_____
_____

Rita mencionó en una de sus sesiones que ella intuía que Rafael no era una persona adecuada para ella, pues no estaba siendo honesto. Sin embargo, a pesar del grito aturdidor de su intuición, Rita seguía actuando sin rumbo claro.

4. **Flexibilidad en nuestra forma de pensar.** Trabajar con tu historia personal es buscar en lo profundo de tu ser y reconocer quién eres. Es separar tus aspiraciones de las de tus padres. Abrazar tu vida con tus propias necesidades. Encontrar, más que respuestas, Verdades.

Revisar nuestra historia personal es volver a darle significado a nuestra vida; a través de revisar lo vivido, la mente se invade de imágenes que te conectan con quién eres y cómo has llegado a serlo.

Nuestra historia personal es única e irrepetible, y dicen los expertos que hay que recordarla para efecto de no repetir aquellos errores que deseemos concluir, sanar o finiquitar.

Nuevamente auto obsérvate y anota en el siguiente espacio el resultado:

¿Qué lecciones de vida tiene grabada tu historia personal?

_____
_____
_____

¿Cuántas veces estamos relativamente tranquilos y en paz, y de repente viene a nuestra memoria una situación pasada que en su momento nos hizo sufrir? ¿Cómo reaccionamos ante ese recuerdo? ¿Lo dejamos ir rápidamente y volvemos a la calma o nos enfrascamos en la tarea de revivir esa situación que nos dañó?

Por alguna extraña razón, los seres humanos tenemos la mala costumbre de ponernos "limón en las heridas", en lugar de agua limpia que en verdad nos cure.

Como el agua que se escapa entre nuestros dedos, así se nos va la vida: cuando queremos retenerla es imposible. Todo pasa, y lo único que queda es el aprendizaje, pero en ocasiones también éste pasa sin dejar huella.

Vivimos por debajo de nuestras posibilidades y ello hace que vivamos sometidos a limitaciones y frustraciones.

Éste es tu compromiso personal: correr el riesgo de aprender de tu historia y elegir vivir conscientemente. Es el reto del décimo paso.

Una vez que has detectado las posibles heridas en tu historia personal, es importante darte tiempo para revisarlas y trabajar en su cicatrización.

Luis era un hombre violento que se presentó al taller en busca de ayuda. Su esposa se quejaba de su agresividad con su hijo adolescente. Narraba escenas de abuso verbal y físico escalofriantes. Sin embargo, Luis justificaba su actuación afirmando que él así había sido educado. Se mostraba orgulloso de ser un médico reconocido. Por lo tanto, afirmaba, la violencia con la que había sido tratado por sus padres se justificaba.

La pregunta que derrumbó su coraza fue ¿eres feliz? A lo que Luis respondió con el llanto: "No puedo olvidar el miedo que sentía de que mi padre volviera a casa. Cualquier pretexto era bueno para descargar su ira sobre mí. Sé que estoy mal, pero no se qué hacer".

Luis dio el primer paso para sanar heridas en nuestra historia personal.

Pasos para sanar nuestras heridas emocionales:

1. Reconocer que hemos sido heridos por nuestros padres. No estamos hablando de intenciones, sino de hechos.

    Sólo podemos sanar aquello que aceptamos. Luis pretendía justificar la conducta de sus padres a través de repetirla con su hijo adolescente.

    Fue increíble el trabajo que pudimos hacer con los padres de Luis (no siempre es posible). Asistieron a la sesión y escucharon el dolor de su hijo. Ambos padres confesaron su inconsciencia ante el dolor de su hijo. La esposa de Luis quedó sorprendida de los cambios que operaron en su esposo a partir de ese día.

2. Determinar emociones y sentimientos predominantes. Ponerle nombre a la emoción.

    Sonia era una mujer de 30 años cuando acudió a la sesión. Me llamó la atención su sonrisa, era una mueca marcada. Yo le llamo a esta sonrisa "máscara", porque dista mucho de ser espontánea. Sonia (sin borrar un solo momento su sonrisa) me narró la forma en que su madre, a partir de los cinco años, la preparaba (todo un ritual que describía detalle a detalle) para pasar la noche con su padre biológico practicándole sexo oral. Ella lloraba por las noches. Una vez que pidió ayuda a una maestra, Sonia fue terriblemente castigada, además de culparla por haber cambiado de ciudad para evitar que la maestra denunciara al padre. Fue hasta que Sonia cumplió 15 años, después de haber sido parte de un grupo de jóvenes exploradores, cuando aprendió a defenderse. Después de que el padre en forma burlesca dijo que le daría su regalo de quince años, bajando sus pantalones, Sonia se le fue a golpes; el padre salió huyendo para nunca volver. La madre de Sonia nunca fue cuestionada por su hija por no haberla cuidado. Sin embargo, ahora Sonia con treinta años de edad y tres años de matrimonio presentaba serios problemas sexuales.

Trabajamos las emociones de Sonia respecto a sus padres. Se permitía sentir odio frente al padre pero justificaba a la madre todo el tiempo. De hecho, ella se hacía cargo de ella. Sólo cuando Sonia se permitió sentir coraje contra la madre y lo trabajó en sesión, pudo borrar esa mueca de aparente sonrisa por una sonrisa natural y espontánea.

Si tienes un amigo o amiga de confianza puedes realizar el siguiente ejercicio:

1. Escribe una carta a cada uno de tus padres, describiendo con claridad cómo te sientes respecto a ellos. Qué heridas emocionales detectas y cómo te sientes al respecto.
2. Pide a tu amigo (a) que ocupe el papel del padre o madre y lea en voz alta tu carta.

Cambia los papeles. Que ella (él) lea de nuevo tu carta y ponte en el lugar del padre o la madre, y responde como te hubiera gustado que él (ella) lo hiciera. Vuelve a tu lugar y acepta la reconciliación en los términos que tú mismo estructures. Si no es tu momento, suspende el ejercicio y días después vuelve a hacerlo. Hasta cerrar.

3. **Libérate perdonando.** Cuando hablamos de heridas emocionales hablamos del niño(a) herido, hablamos de nuestra parte más vulnerable, y es desde esa parte desde donde respondemos a la vida.

Ejercicio

En un lugar tranquilo, sentado o acostado, respira profunda y rítmicamente, relájate, deja que los pensamientos pasen, siente tu cuerpo, cada parte de él; lentamente serás invadido por una sensación de paz y descanso.

Busca en la memoria a tu niña o niño interno. Observa en qué lugar se encuentra, qué edad tiene, cómo viste, cuál es la situación que está viviendo, cómo se siente. Concéntrate en tu corazón, libera lo que estás sintiendo, si lloras, eso te alivia y descarga.

Ingresa a la escena en tu forma de adulto y comienza a acercarte al niño o niña; permite que ocurran cosas entre ambos como mirase, conversar, algún contacto físico. Si puedes toma al niño (a) en brazos, dile "ahora no estás solo(a), voy a cuidarte, nada ni nadie volverá a hacerte daño, estaremos siempre juntos, tú también me enseñarás cosas y nos sanaremos mutuamente y seremos más felices".

Reparte por todo tu cuerpo la sensación de descanso y plenitud. Cruza tus manos en el pecho, vuelve a respirar profundo y repite tres veces con fuerza y convicción: "Yo soy... (di tu nombre), mi niño(a) y yo estamos integrados(as) y sanos(as)".

Rencontrarte con tu niño o niña interior es un ejercicio gratificante y liberador. Varios alumnos me han comentado que después de hacer este ejercicio experimentan mayor placer al tomar sus alimentos, bañarse o hacer las cosas más simples en su vida.

En lo personal, sobre el escritorio donde paso 8 horas al día tengo mi foto de cuando tenía cuatro años. Está visible para recordarme que ahora quien la cuida soy Yo.

Realiza el siguiente ejercicio que complementa la serie de actividades que has realizado en este paso.

Terapia del perdón

Solo(a) en un lugar de la casa, sin que nadie te moleste, pon música suave, flores, velas, varitas de incienso. Siéntate cómodamente y al frente de ti pon una silla o un cojín. Coloca la energía de papá o mamá, o de la persona que desees.

Cuando percibas la energía de esa persona, siéntala en la silla y dile:

"Yo te saludo con amor y te pedí que vinieras para devolverte todo lo que me has dado". Si son los padres, diles: "yo te devuelvo la vida, las peleas, los regaños, el desamor, la comida que me diste, el vestido, la vivienda, las borracheras. Los malos tratos que le diste a mi madre, la preferencia por mi hermanita o hermanito, te devuelvo todo lo que haya guardado en mi inconsciente, subconsciente y me perturbe". Di todo lo malo que quieras devolver.

"Yo te perdono y te libero, y te dejo marchar en paz y te pido que me perdones, me liberes y me dejes marchar en paz". Pide a Dios que te regale mucho amor, felicidad, equilibrio, paz, sabiduría, perdón, bienestar, armonía. "Papá, regresa a tu cuerpo cargado con estos dones".

Haz lo mismo con la mamá o con la persona que desees. El papel que desempeñaron en tu vida tus padres es determinante. Pero para poder desarrollarte sanamente, no te queda más remedio que liberarte por completo de la influencia de ellos (no del amor, sino del poder) o no podrás jamás ser tú mismo.

Existe una hermosa frase de Gloria Steinem que dice: "Nunca es tarde para tener una infancia feliz".

¿Cómo puedes aplicarla a tu vida?

_____

_____

Sanar nuestras heridas nos libera de seguir cargando nuestro dolor. Contaminando el resto de nuestras relaciones.

Me sentía muy triste una mañana rumiando mi tristeza. No entendía por qué permitía que dos relaciones en especial me atormentaran tanto. Decidí poner fin a mi dolor. Tomé un día de duelo y me dispuse a sufrir intensamente, no por partes, intensamente. Me alejé por el bosque y en el silencio de la mañana me puse a llorar. Tomé dos piedras y decidí que eran las personas que emocionalmente habían provocado las heridas que en ese momento sangraban.

Pocos instantes después decidí que no eran las personas, sino las emociones que me generaban, de las que quería liberarme. Una representaba el miedo y la otra mi actitud de víctima. Decidí que cada una de esas piedras me acompañaría en mi bolso hasta que estuviera lista para soltarlas, no sólo como ritual, sino sinceramente. No me castigaría todo el día. Escogí un tiempo determinado para sufrir. Una hora al día.

Pasaron días y las piedras seguían en mi bolso. Percibía su peso y las sentía parte de mí. Hasta llegué a decorarlas con acuarelas. Las piedras ya llevaban más de un mes, pero no las soltaría hasta que estuviera lista para hacerlo. Llegó el día. Primero solté el miedo, y para mi sorpresa, ese mismo día liberé mi actitud de víctima. Disfruté tanto el acontecimiento, realmente estaba agradecida por el peso liberado. Al poner la representación de mis emociones en las piedras, fue más sencillo desprenderme de ellas.

¿Cuántas piedras estás cargando? Ponles nombre, y cuando estés listo, por favor libéralas.

Quiero compartir contigo el siguiente cuento:

Los dos hermanos

Eran dos hermanos criados en el mismo hogar, cercanos entre ellos, pero muy distintos el uno del otro.

Habían compartido la dura experiencia de crecer junto a un padre alcohólico, autoritario, irresponsable, el cual estuvo varias veces en la cárcel por creer vivir bajo su propia jurisdicción.

El hermano mayor se convirtió en alcohólico, dejó la escuela y se casó. Frecuentemente maltrataba a su familia, apenas trabajaba y en repetidas ocasiones tenía problemas con la policía.

Cuando en una ocasión le preguntaron por qué actuaba de esa manera, él contestó:

—Con un padre y una infancia como la que tuve, ¿cómo hubiera podido ser distinto?

El hermano menor, a pesar de los problemas y dificultades, nunca dejó de estudiar, se casó y se convirtió en un atento esposo y en un buen padre. Era también un empresario exitoso que aportaba mucho a su comunidad.

Un día, en una entrevista, le preguntaron a qué atribuía el éxito que en su vida había tenido, y respondió:

—Con un padre y una infancia así, ¿cómo hubiera podido ser distinto?

Es necesario que renunciemos a la idea de que nuestras familias son perfectas. Todo ello impide que logremos nuestra realización. Pues la perfección no existe.

Anota cinco ganancias que has obtenido por mantener la imagen de tu familia perfecta, sin cuestionarla:

_____
_____
_____
_____
_____

Anota cinco pérdidas que has tenido por mantener la imagen de tu familia perfecta, sin cuestionarla:

_____
_____
_____
_____
_____

En toda familia hay historias no muy claras, escondidas, y ellas influyen en nuestra existencia.

Cada uno debe hacer un trabajo de investigación genealógica sobre su historia familiar. A partir de esta historia se puede construir la razón de cómo nos relacionamos.

Finalmente, quiero resaltar que cuando las cosas no están resueltas en nuestras familias de origen, es decir, cuando no hemos sanado nuestras heridas emocionales, nos llevamos todo esto a nuestra relación de pareja. De ahí tantos divorcios. Desde que nacemos, cada uno forma parte de una red familiar que comparte una conciencia en común. Una especie de alma familiar que une a los miembros de la familia, aunque sus miembros no sean conscientes de ello.

Sabías que el sufrimiento y la infelicidad se transmiten de generación a generación. Es importante y sano hacer la separación emocional con nuestra familia de origen sin ira ni enojo, dejando ir con amor y tomando lo que mejor nos acomode para sanar heridas.

Aceptar a las personas es respetarnos y respetarlas. Es así como el amor crea espacios para ser quienes somos realmente.

Actividad de cierre de sesión

Repite todas las mañanas durante una semana:

"En este preciso momento actuó fuera de ataduras. Libero y perdono hoy".

Para proponértelo:

- Sé responsable de tus resentimientos y trabaja el perdón.
- Sé responsable de mantenerte alerta al cambio.

- Sé responsable de liberar la culpa en tu vida.
- Sé responsable de cuidar tu salud mental y física.

Risoterapia

Preguntó un maestro a sus discípulos
para ver si sabrían decir cuándo
acababa la noche y empezaba el día.
Uno de ellos dijo:
"Cuando ves a un animal a distancia y puedes distinguir
si es una vaca o un caballo".
"No", dijo el maestro.
Otro dijo:
"Cuando miras un árbol a distancia y puedes distinguir
si es un mango o un anacardo".
"Tampoco" dijo el maestro.
"Está bien", dijeron los discípulos,
"dinos cuándo es".
Y el maestro respondió...
"Cuando miras a un hombre al rostro
y reconoces en él a tu hermano;
cuando miras a la cara a una mujer
y reconoces en ella a tu hermana.
Si no eres capaz de esto, entonces,
sea la hora que sea, para ti...
¡aún es de noche!"

¡Sonríe!

Anota brevemente un compromiso personal que decidas cumplir durante la presente semana, reforzando lo visto en el décimo paso:

SANANDO MIS HERIDAS EMOCIONALES ✽ 169

DECIMOPRIMER PASO
decimoprimera semana
RECOMENZANDO

No puedo cambiar la dirección del viento,
pero sí ajustar mis velas para llegar siempre a mi destino.

JIMMY DEAN

La vida te está llamando, te invita a crear una nueva aventura, a correr riesgos inesperados, a hacer hasta lo imposible por retomar el rumbo y alcanzar tus objetivos. Lo importante es que siempre es posible recomenzar creyendo de nuevo en ti.

Ejercicio de ubicación

La siguiente línea representa el tiempo que has vivido hasta hoy. Anota para cada periodo de diez años los acontecimientos más importantes en las líneas correspondientes.

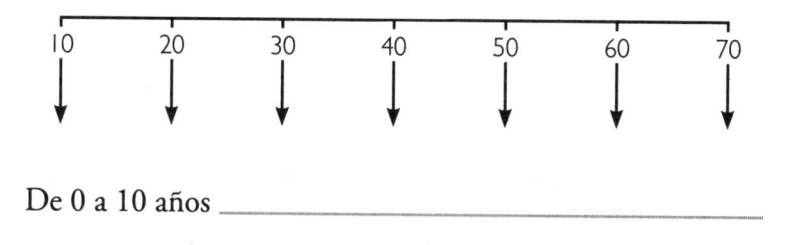

| 10 | 20 | 30 | 40 | 50 | 60 | 70 |

De 0 a 10 años _____

_____

_____

De 11 a 20 años _____

De 21 a 30 años _____

De 31 a 40 años _____

De 41 a 50 años _____

De 51 a 60 años _____

De 61 a 70 años _____

De 71 a 80 años _____

Observa cada acontecimiento representativo aisladamente.

Ahora obsérvalos en conjunto. ¿Qué te dicen de la forma en que has vivido?

Responde después de analizar cada pregunta profundamente:

¿Qué está sucediendo en este momento de tu vida? Esto va relacionado con tu salud, no sólo física sino emocional. ¿Cómo disfrutas tu vida? ¿Qué haces para divertirte? ¿Cada cuándo te das permiso de hacerlo? ¿Disfrutas tu trabajo? ¿Cómo te relacionas con las personas cercanas? ¿De qué te quejas con los demás?

Muchos afirman que nosotros podemos cambiar nuestro destino si nos lo proponemos. Si otros lo han hecho, ¿por qué tú no? ¿Por qué caminar por la vida creyendo en tantas cosas y nunca en ti? ¿Recuerdas cuántos sueños se han perdido desde que eras un niño? ¿Qué deseabas ser? ¿Cómo esperabas verte cuando fueras adulto? ¿Qué tan diferente es tu vida de como la soñaste de pequeño?

No pretendo convencerte de que no hay limitaciones en la vida. Esto sería absurdo. Pretendo confrontarte a la realidad. Tal vez el primer saboteador de tus sueños eres tú mismo.

Para recomenzar, es necesario regresar a ti. Buscar en qué parte del camino te has perdido.

¿Crees en ti mismo? Responde sinceramente:

_____

_____

_____

_____

Cuando creemos en nosotros mismos, el temor se hace a un lado para dejarnos pasar. La claridad llega a tu mente y tus pasos se dirigen al lugar que has buscado desde pequeño. Regresa la sensación de poder personal de la que hemos hablado tanto.

¿Cómo confiar en ti mismo? Haciendo lo que tienes que hacer, lo que debes hacer a pesar del miedo. Haz lo que tienes que hacer. Arriésgate. Es mejor hacerlo a permanecer inmóvil. Elige cómo quieres actuar en tu vida, qué es lo que deseas hacer. ¡Habla contigo mismo!

Ejercicio

Busca un lugar en el que puedas permanecer en silencio durante veinte minutos. Centra tu atención en tu cuerpo. Colócate en una posición cómoda, ya sea sentado o acostado. Concéntrate en estar tranquilo y relajado.
Siente tus pies.
Siente tus pantorrillas.
Siente tus piernas.
Siente tu cadera.
Siente tu tronco relajado.
Siente tus brazos relajados.
Siente tu cuello y espalda.
Siente tu cara relajada.
Inhala por la nariz y exhala por la boca.
Ahora presta atención a la parte interior de tu cuerpo.
Date cuenta de cómo se siente tu vientre o estómago, cómo se siente tu garganta. Cómo se siente tu interior.
Ahora pregúntale a tu interior cómo se siente respecto a cómo estás viviendo tu vida. Pregúntate a ti mismo si hay algo en tu vida que quiera visitarte hoy. Percibe la respuesta dentro de ti. Toma conciencia de los pensamientos que aparecen.
Vuelve a tu espacio interior y pregúntate: "¿Hay algo en este preciso momento que me impida ser feliz?" Escucha las

respuestas de tu interior a través de manifestaciones en tu cuerpo. Es una sensación física vaga y difusa. Puedes, desde tu espacio interior, sentir el problema y visualizar la solución. Deja que una frase venga a tu mente sin cuestionarla. Ponle nombre a tu emoción. Es ira, miedo, angustia, ansiedad, confusión; recibe la emoción sin cuestionarla.

Realizar este tipo de ejercicios que facilitan tu diálogo interno, que es la voz que te permite contactar con la verdadera esencia interna.

Para cerrar el ejercicio, te sugiero algunas posturas de relajación. Coloca las palmas de tus manos en la parte alta de tu cabeza. Inhala y exhala suavemente.

Enseguida, coloca las palmas de tus manos a nivel del cóccix. Inhala y exhala otra vez.

Recuerda: antes de actuar siempre haz una pausa personal para poder elegir cómo quieres actuar. Al principio te parecerá lento el proceso, pero después, poco a poco, éste se irá acelerando sin sentir. Para elegir como reaccionar a una situación, revisa si ya has actuado de esa misma forma tiempo atrás, y qué resultados te ha dado. Habla con tu interior.

Trabajando con la ansiedad

Imagina una situación en la que sientas ansiedad o miedo. Descríbela brevemente:

_____

_____

Experimenta de nuevo mentalmente la situación. Describe las sensaciones:

_____
_____

¿Cómo puedes aplicar lo aprendido a esta situación y a esta sensación?

_____
_____

¿Cómo te ves a ti mismo en esa situación?

_____
_____

Ahora imagínate actuando como a ti te gustaría. Descríbelo a continuación:

_____
_____

Haz de nuevo un espacio de silencio. Cerrando tus ojos vuelve a preguntarte: ¿Cómo estás ahora? ¿Cómo te sientes? ¿Qué es lo más importante para ti en este preciso momento? Deja que surjan imágenes como respuesta...

Recuerda que la energía mental y la emocional no pueden estar en lucha. Es importante que en estos trabajos de encuentro interior te concentres en lo que sí puedes hacer, no sólo en el problema.

"Una vez que a nuestro cuerpo le permitamos ser él sin presiones, tendrá la sabiduría de resolver nuestros problemas".

E. Geendlin

Muchas veces sin darnos cuenta nos acostumbramos a las situaciones y empezamos a familiarizarnos con el dolor y el miedo, nos engañamos pensando que el dolor es parte de nuestra vida y terminamos viéndolo muy natural. Nos negamos a cerrar ciclos y recomenzar. Lo que pretendo es que tomes la responsabilidad de tu vida y que des un paso adelante. Muchos quisiéramos cambiar el mundo y no nos damos cuenta de que el primer paso es nuestra responsabilidad. Debemos mirar hacia atrás y revisar nuestro pasado sólo para aprender de él y seguir adelante. Puede que en ocasiones no te sientas capaz de dar un solo paso más y te veas en la necesidad de mantenerte en tu zona de comodidad, pero por experiencia te digo que debes dar ese paso, porque sólo así crecemos. Nadie puede hacerlo por ti. No te detengas pensando que ya habrá tiempo. Cualquier momento es bueno para comenzar. En cualquier momento la vida nos pone por delante un desafío como prueba de nuestra fuerza de voluntad.

Conozco a una mujer que pensaba que todo estaba bajo control, su vida parecía exitosa y próspera. De pronto le detectan un tumor que extrañamente crece de forma acelerada, llegando a pesar casi cuatro kilos. Durante ese tiempo las hemorragias que le causaba el tumor eran tremendas, lo cual le provocó una fuerte anemia que ponía en peligro su vida. Los médicos no aceptaban operarla por el riesgo que esto representaba. Se dio cuenta que su mundo perfecto se derrumbaba.

Sin embargo, esa experiencia cambió su vida. La motivó, revaluó su forma de enfrentar los retos y contrario a lo que todos esperaban, salió fortalecida.

De esa historia surge este libro, Doce pasos para ser feliz, y esa mujer soy yo.

Cuando menos lo esperamos, la vida nos coloca delante un desafío que pone a prueba nuestro coraje y nuestra fuerza de voluntad.

Cerrando ciclos para poder recomenzar

Hay que saber cerrar etapas. Percibir cuando las cosas llegan a su fin. Cuando no lo aceptamos y buscamos alargarlo, perdemos la alegría y la oportunidad de abrir nuevas etapas de vida.

¿Te has quedado sin pareja? ¿Te despidieron del trabajo? ¿Has perdido a un ser querido? Puedes perder mucho tiempo tratando de encontrar un ¿por qué?, lo cual implica un desgaste emocional tremendo. Pasa la página, date la oportunidad de ver lo que sigue. Nadie puede vivir el presente estacionado en el pasado mental. Te estás perdiendo de mucho. ¿Qué esperas para recomenzar?

Deja a quien eras para descubrir quién eres hoy.

Cerrar ciclos es vital desde el nacimiento hasta la muerte.

Cambia los muebles de lugar dentro de casa. Acomoda tu ropa distinta. Limpia tus espacios, muévete.

Recomenzando

Cada nuevo día es una oportunidad que te invita a escribir en el libro de tu vida algo nuevo. El secreto radica en la capacidad de escribir tus renglones lo más bellamente posible. No importa en qué momento de tu vida te encuentres, lo que importa es que siempre estés listo para experimentar algo nuevo. Éste es un excelente día para iniciar un nuevo proyecto. Saca lo que no te sirva y tíralo a la basura. Deja limpio tu espacio para recibir lo que estás listo para conseguir, lo que te mereces. La vida puede ser una aventura si así lo deseas.

Actividad de cierre de sesión

Repite todas las mañanas durante una semana:

"En este momento estoy listo para recomenzar. Escucho a mi cuerpo y estoy alerta a sus respuestas, aquí y ahora".

Para proponértelo:

- Sé responsable de tus emociones.
- Sé responsable de dedicar por lo menos quince minutos al día para meditar.
- Sé responsable de estar bien contigo mismo.
- Sé responsable de estar y sentirte bien.

Risoterapia

El director de un manicomio estaba examinando a sus pacientes para averiguar cuáles estaban listos para volver a la comunidad.
—Señor Mendoza -le dice el doctor a uno de sus pacientes-, veo que han recomendado que le dé de alta.
¿Qué cree que va hacer si es que le dejamos ir?
El paciente se lo piensa un rato, y luego responde:
—Bueno, fui ingeniero en mecánica. Parece que es una carrera

con salida y puedo ganar bastante dinero. Por otra parte, he pensado escribir una novela sobre mis experiencias aquí en este hospital, como paciente; puede que sea interesante. También pensé volver a la escuela a estudiar Historia del Arte, que es un tema que me interesa mucho.

El Director asiente con la cabeza y dice:

—Sí, me parecen empresas muy interesantes.

El paciente responde:

—Y lo mejor es que en el tiempo que tenga libre, puedo seguir siendo una cafetera.

¡Sonríe!

Anota brevemente un compromiso personal que decidas cumplir durante la presente semana, reforzando lo visto en el decimoprimer paso:

DECIMOSEGUNDO PASO
decimosegunda semana
YO DECIDO MI VIDA: LIBRE OTRA VEZ

> La libertad significa responsabilidad; por eso, la mayoría de los hombres le tiene tanto miedo.
>
> GEORGE BERNARD SHAW

Las personas que viven en torno a sus bloqueos personales, difícilmente pueden jactarse de ser libres.

- ¿Por qué nos sentimos merecedores de lástima?
- Quien recibe migajas, ni se siente amado ni está motivado a responder con un amor afectivo y efectivo.
- Quien no se cree digno de ser libre, no se siente digno de ser feliz.

Ser libre implica aceptación y capacidad para distinguir entre lo que puedes y no puedes controlar.

En cualquier tipo de relación hay una línea que divide lo que puedes y no puedes controlar.

Cada quien debe tomar su responsabilidad.

Cuando la línea es confusa, la persona se centra en la tentativa absurda de controlar cosas que no puede. Es así como se genera una lucha entre la energía mental y emocional.

Piensa en una situación que te genere problemas. Anótala en los siguientes renglones:

_____
_____
_____

Centra tu atención en lo que sí puedes controlar. Descríbelo:

_____
_____
_____

Qué no puedes controlar. Descríbelo:

_____
_____
_____

Suelta y libérate de aquello que no puedes controlar. Enfatiza tu poder personal en aquello de lo cual eres responsable.

Ser libre es una elección de todos los días. Algunas veces vivimos esclavizados sin darnos cuenta lo sencillo que es salir de nuestra prisión personal.

Ser libre es reconocer nuestra capacidad de elección permanente.

La elección

Cada amanecer se encuentra frente a ti la propuesta más interesante: Dios; la vida sólo te ofrece y eres tú quien elige.

Ser libres es ser conscientes de nuestra responsabilidad de lo que hacemos, de lo que amamos y por lo que sufrimos.

A pesar de los problemas que podamos tener, todo vale la pena ser vivido desde nuestra libertad, mostrándonos despiertos a la vida, construyendo nuestra historia, eligiendo nuestros proyectos de vida de conformidad con nuestro ser. ¿Qué has elegido en tu vida?

Ejercicio

Escríbete una carta de amor como si fueras tu mayor admirador. Utiliza la mano no dominante:

_____
_____
_____
_____
_____
_____
_____
_____
_____
_____

"Señor, dame fuerza para aceptar aquello que no puedo cambiar, valor para cambiar lo que puedo y sabiduría para distinguir lo que se puede y no se puede cambiar".

Tienes la preciosa libertad para escoger entre ser autentico o falsificar tu propio yo.

Lo más sencillo es lo más difícil de comprender.

Pero especifiquemos más un proceso para ser y parecer libres. Para variar... en doce pasos:

Primero. Preocúpate por satisfacer tus necesidades. ¿Cuánto tiempo has invertido concentrado en las necesidades de los otros, ignorando las propias? Dime, ¿te ha dado resultado? Pero hablemos de las necesidades fundamentales del ser humano:

a) La necesidad de ser amado. Esta necesidad implica la de tener amigos, formar pareja, expresar emociones, sentir y ofrecer caricias, compartir, intimidar.
b) La necesidad de pertenencia. Esta necesidad impulsa la asertividad, la capacidad de comprometerse, de definirse, conocerse y sobre todo de crecer a partir de valores, normas, papeles.
c) La necesidad de reconocimiento. El ser humano tiene la necesidad de ir más allá de lo meramente humano. La necesidad de traspasar limitaciones, de convertirse en agente activo de su trascendencia.
d) La necesidad de autorrealización. Las personas tenemos la necesidad de desarrollarnos originalmente y en forma dinámica, de confiar en nuestra capacidad y talento.

Segundo. Señala tu exigencia personal. Hazte responsable de tus miedos. Descubre la causa de tu sufrimiento. Cuando algo te inquiete, no lo ignores, haz un espacio para detectar qué es lo que te molesta. ¿Qué es lo peor que podría ocurrirme? ¿Qué pienso que me hace falta para ser feliz? O dicho de otra manera: ¿qué me impide ser feliz ahora? ¿De qué forma me impido el quererme a mí mismo? ¿Qué pretendo controlar, o a quién?

Hacerme responsable de mis miedos y de la forma en que elijo enfrentarlos o evadirlos.

Hace algunos años llegó a mi oficina el padre de una pequeña de seis años a quien se le había diagnosticado el Síndrome del Déficit de Atención, conocido como TDA; se notaba ansioso y discretamente me ofreció que pusiera una cantidad que considerara justa para cambiar el diagnostico que sería entregado al día siguiente en el Colegio de la Niña.

¿Lo anterior te dice algo de la forma en que evadimos la realidad?

Tercero. Ama. Y esto te incluye principalmente a ti. Es increíble descubrir la dificultad que tienen algunas personas para amarse, y lo fácil que entregan su amor a otros en forma desmedida.

El siguiente pensamiento, ya conocido pero siempre representativo, ejemplifica este paso. Léelo con atención:

Tú eres la causa de todo.
Nunca te quejes de nada ni de nadie.
Porque tú y sólo tú,
 eres la causa de todo lo que pasa...

No digas jamás que la situación está difícil.
Lo estará para ti.
Hay miles de personas para las cuales no tiene nada de difícil.

No digas que el dinero está escaso.
Abunda en muchas partes.
Y lo tienen los triunfadores, los optimistas...

No te engañes.
Tú eres la causa de todo lo que te acongoja.
De tu escasez, de tu mala situación,
De tus dificultades, de tus desdichas.
La causa de todo lo eres tú.

Aprende de los fuertes, de los activos, de los audaces, de los valientes,
De los enérgicos, de los que no ponen pretexto.
De los que no se quejan de las dificultades.

Aprende de los que triunfan.
Deja de ser un muñeco de hilacho.
Levántate, anímate, apúrate, muévete y ¡triunfa!

Cómo lo aplicas a tu vida en este momento:

_____
_____
_____

Cuarto. Obsérvate en silencio, como si fueras espectador de tu vida. ¿Cómo actúas? ¿Qué haces y qué dices? ¿Suenas coherente? ¿Suenas convincente de lo que expresas? ¿Qué aspectos modificarías? ¿Qué consejo te darías para obtener mejores resultados en tu vida?

Daniela, una alumna del taller de adultos, comentaba un día: "Blanca, me siento molesta con mi esposo. Pareciera que él hace todo para molestarme". Cuando le pedí que me diera un ejemplo para poder visualizar su situación, continuó con su narración: "Estaba una tarde terminando un proyecto de mi trabajo en la computadora de la casa cuando él llegó y me dijo que si le permitía ver rápidamente un artículo de internet. Respondí, no muy convencida, que estaba bien; me hice a un lado y él localizó su artículo. Después de treinta minutos pude darme cuenta de que él seguiría en la computadora, y opté por salir de la casa a hacer unas compras. No dije nada, pero me sentía muy molesta; lo mismo ocurría con la televisión y otros detalles". Daniela percibía su molestia. El problema era qué hacía con su incomodidad. Su marido jamás se percataba de ello, y el ciclo se repetía una y otra vez, hasta que Daniela estallaba molesta.

Después de pedirle que cerrara los ojos y ahora ella escuchara la versión de mi parte, y en silencio imaginara la escena, pudo observar la actitud pasiva que asumía, sin dar a conocer su sensación, aclarándole que el expresar cómo se sentía no era suficiente para resolver el conflicto, pero sí se acercaba a retomar una forma de vida más asertiva, principalmente para ella y después para toda su familia.

Quinto. Acéptate. Acéptate aun aquello que aparentemente es inaceptable. Esa verruga, esa herida en la cara, esa deformación física, ese problema emocional.

El primer requisito para el cambio es la aceptación total de aquello que nos enorgullece y de aquello que nos avergüenza.

La aceptación es el mejor regalo que puedes darte. No cuesta nada. ¿Qué te impide hacerlo?

Sexto. Disfruta de ser quien eres. Ahora que ya te conoces, el proceso será más sencillo. Es pasar de la aceptación a la admiración de ti mismo.

Éste es para mí un paso fundamental. Amarme es ya un gran adelanto. Pero admirarme, eso es ¡fantástico!

Cuántas veces has escuchado a alguien exclamar cuanto admira a tal o cual artista o personaje. Reflexiona un poco:

cuántas veces has escuchado exclamar a alguien "Hoy me admiro más que ayer... Definitivamente soy maravilloso, fenomenal, encantador. Me encanto". Suena raro ¿verdad? Pues no debería serlo. Así que comienza a expresar todo aquello que haces bien, "te lo mereces".

Séptimo. Suelta aquello que te obsesiona. Aligera el peso del equipaje. Qué buscas controlar o a quién buscas controlar. Con ello me refiero a qué situación pretendes darle una solución conforme a tus expectativas, pretendiendo controlar los resultados. Esto a la larga genera estrés y enfermedad.

Octavo. Sé constante en cada pequeño cambio que realices. No comiences aceleradamente imponiendo tu verdad, y ante la primera contrariedad desistas.

Persiste e insiste. Una gota de agua llega a perforar una roca.

Noveno. Sé optimista. Disfruta de cada momento viendo sus mejores rasgos. De cada situación, por difícil que ésta sea, siempre hay algo que aprender o rescatar. Cuando encuentres un obstáculo, disfruta pensando en la multiplicidad de alternativas que pueden ocurrírsete.

Si quieres conservar tu salud mental, el optimismo es la mejor alternativa.

Las personas optimistas mantienen diálogos sumamente agradables consigo mismas. Una persona negativa o pesimista se distrae por su sufrimiento.

Céntrate en buscar respuestas creativas e intenta recordar que los inconvenientes son sólo parte de la vida, después vuelve a enfocarte en tus metas.

Recuerda la frase de David Cooper:

"Un ganador es la persona que tiene todas las molestias, obstáculos, frustraciones y decepciones que todo el mundo tiene. Aún así sigue persistiendo, hace el trabajo, y lo hace parecer fácil."

Décimo. Toma conciencia de tu proceso personal. Descubre en cada situación tu potencial de desarrollo personal. Tomar conciencia es elevarte a la razón. No sólo lo que piensas es importante, sino lo que trasciende incluso a tus intereses personales. La conciencia es un nivel superior que se alcanza con la constancia en la meditación y comunicación intrapersonal.

Decide emprender con responsabilidad los cambios que determines en tu proceso personal, ello repercutirá favorablemente en tu Autoestima, creatividad y logro de tu ansiada felicidad.

Con ello estoy segura que mejorarás notablemente la calidad de tu vida.

Decimoprimero. Valora lo que has logrado y sé agradecido. Muchas veces nos concentramos tanto en nuestro ego personal, que olvidamos mirar hacia atrás y ver los avances.

Sé agradecido por todo lo que tienes y por lo que te hace falta también. Da gracias por tu salud, por tu enfermedad, por la prosperidad y la abundancia y también por aquello que no tienes y está por venir. Ejercita la paciencia y espera con fe.

Decimosegundo. Confía sobre todas las cosas en Dios como principio y fin de todo lo que haces.

Aférrate a Dios con todo. Cuando te sientes apesadumbrado, no hay mejor compañía que Él.

Cuando las cosas no vayan bien, no te preocupes, Dios está trabajando en tu vida.

El paraíso y el infierno se encuentran dentro de ti. Tú eliges cada instante de tu vida en cuál te concentras. Cuando las dificultades te agobien, recuerda que siempre hay alguien más en quién confiar.

Percibe y comprende tu naturaleza divina. Tú eres el dueño de tu destino. No te desalientes cuando las contrariedades se presenten en tu vida. Saca el coraje y la fortaleza espiritual que están en ti. Hay un depósito inmenso e inagotable de poder y conocimiento dentro de ti. Explórate profundamente. Sumérgete en lo profundo y encontrarás en el principio y fin de tu persona a Dios.

Siempre que las dificultades fortalecen tu voluntad, aumentan tu poder de resistencia. Dirige tu mente y tu alma hacia Dios.

Todo lo que hagas acompáñalo de tu fuerza creadora
y de fe en tu persona y en Dios.
Busca que los pasos vistos en este capítulo se apeguen a tus metas. Cuestiónalos, toma lo que te convenza
y crea tu propio sistema para sobrevivir.
Tener fe en ti es creer en los milagros. Es romper todo paradigma mental y descubrir la maravilla que eres.
Cuando hayas terminado de cuestionarte, pon en práctica tu propio sistema y sé fiel a tus principios. No te permitas vivir arrastrándote cuando tienes preciosas alas para volar.

A continuación te cuento un cuento que pude crear después de un taller de liderazgo. Espero que lo disfrutes tanto como yo.

El cuento de la gallina extraña

Hace muchos años, cuentan los viejos de las granjas, existió una gallina muy extraña. No se parecía al resto de las gallinas, era más grande y tenía garras. El resto de las aves del gallinero la atacaban siempre, pues no entendían cómo pasaba horas contemplando sobre una roca el cielo.

Nadie sabía cómo había llegado hasta el granero, ni siquiera el dueño de la granja se había percatado de su existencia.

Dicen que de muy pequeña llegó perdida quién sabe de qué lugar. Fue la más vieja gallina la que la ayudó a SOBREVIVIR. Había un gallo que la cortejaba, pero la gallina extraña le hablaba de sus intenciones de volar y el gallo después de gritarle y sacudirla sin convencerla, optó por abandonarla. ¡Ese es el precio que pagan las gallinas extrañas! (comentaban todos en el corral).

De pronto, la gallina jamás volvió a ser vista.

Cuenta la leyenda que algunos aseguran haberla visto volar por los cielos junto con otras aves igualmente extrañas.

Otros cuentan que murió en un rincón llorando por ser diferente y no tener el valor de echarse a volar como águila.

¿Tú qué final prefieres?

Trata de entenderte, trata de vivirte, trata de comprenderte, de revelar tu misterio. No te veas como un problema no resuelto. Descubre tu belleza. Actúa desde tu libertad, es la única forma de crecer. Deja de castigarte y censurarte, busca comprenderte.

El ser consciente te hace libre. Dentro de ti tienes la capacidad de responder a todo lo que se presente. Deja de preocuparte, todo permanece constantemente en cambio.

Si regresas una y otra vez al mismo error es porque no has querido aprender la lección.

Espero que en este momento te hayas dado cuenta de que nadie es capaz de enseñarte nada.

Cuando fluyes en libertad las respuestas sorprenden a todos.

Éste es el último paso de tu proceso personal. Espero que hayas realizado cada ejercicio propuesto. Si lo has hecho seguramente has notado cambios fantásticos en tu vida. Tú eres el creador de tu destino. Y con estas sencillas herramientas que has trabajado paso a paso puedes sentirte libre de elegir a cada instante.

Eres libre de toda atadura, sea física, emocional o mental. Libre de ocuparte en vez de preocuparte.

Actividad de cierre de sesión

Repite todas las mañanas durante una semana:

>"Acepto el poder de Dios en mi vida,
>y confío plenamente en él".

Para proponértelo:

- Sé responsable de tu encuentro personal con Dios.
- Sé responsable de conocerte cada día.
- Sé responsable de vivir plenamente.
- Sé responsable de ser feliz aquí y ahora.

Risoterapia

En la escuela la profesora hace la siguiente pregunta a sus alumnos:
—¿Cuál es el animal que ve doble?
Alguien respondió el águila, otro el conejo, otro más el tiburón.
Para terminar, un niño muy seguro contestó...
—El animal que ve doble es la oveja, porque ve con los ojos y luego Beeeeeee con la boca.

¡Sonríe!

Anota brevemente un compromiso personal que decidas cumplir durante la presente semana, reforzando lo visto en el decimosegundo paso:

Importante

Los casos presentados en este texto son auténticos. Son los nombres de los alumnos los que han sido modificados.

Contraterapia

Es un sistema de autoayuda en doce pasos que implica que tomes, como alumno o lector, la responsabilidad de tu proceso personal. Si estás bien, depende de ti, y si no lo estás, también es por tu causa, ya que únicamente dentro de ti está la solución a todo conflicto. Ya han dicho sabiamente que lo que importa no es el conflicto, sino la forma en que lo afrontas. Todo es cuestión de actitud.

Para la contraterapia, un problema es una oportunidad de crecer como persona en tus talentos y habilidades. Es una alternativa para interiorizar y descubrir más de una respuesta o solución para cada situación.

Contraterapia es el sistema que te ofrece estructura al pensamiento, y a través de múltiples actividades te facilita la toma de decisiones.

Lo mejor de la contraterapia es que este sistema te permite ver cada paso por separado y como parte de un todo. Es decir, puede ser que realizar un paso te lleve un día, una semana o un mes. El tiempo lo determinas tú.

Contraterapia pretende ser un método sencillo de autoayuda que permite el encuentro de las cualidades indispensables para salir de un conflicto.

Se muestra accesible a todo público, independientemente de su nivel académico.

Contraterapia fomenta la autonomía y autodescubrimiento personal.

Se apoya en diversas técnicas de Desarrollo Humano, en el que el centro del tema eres Tú como protagonista y a la vez como observador externo.

Seguir los pasos de contraterapia no sólo es divertido, sino enriquecedor. Es todo un reto para solucionar nuestros problemas, sin volvernos dependientes de largos procesos terapéuticos, sin pretender suplirlos.

La contraterapia puede resultar confrontativa por su trabajo directo y profundo, pero resulta eficaz para aquellas personas que buscamos salir adelante, sin estancarnos en el problema durante largo tiempo.

¿Por qué doce pasos?

Cada paso representa un nivel de avance en el proceso. No se requiere comenzar por el primero. Cada uno es independiente e interrelacionado. Este método ha provocado, a través de diversos talleres personales y grupales, gran éxito.

Los alumnos que lo han llevado a cabo han mostrado cambios sorprendentes.

Espero que hayas disfrutado cada paso de desarrollo personal. Te invitamos a que envíes tus comentarios y observaciones al correo electrónico:
exito.y.desarrollo@hotmail.com

Acerca de la autora

Blanca Mercado es actualmente la Directora del Centro de Desarrollo Humano y Calidad de Vida, centro que cuenta con diversos servicios planeados para alcanzar el crecimiento personal: cursos, talleres vivenciales y conferencias, todos relacionados con la superación y el autoconocimiento.

Asimismo, talleres como "Jóvenes triunfadores", "Taller para padres creativos", "Proyecto Auxilio para jóvenes en conflicto", "Mi pequeño líder", "Crecimiento y desarrollo personal", "Sanación mental positiva", "Monitores de relajación", "Autoestima femenina", "Salvando nuestro matrimonio", y otros más, de su creación personal.

Imparte cursos a nivel empresarial y personal.

Cuenta con estudios de Psicología, Derecho, Terapia Familiar Sistémica, Psicología Transpersonal y Desarrollo Humano, Terapia Gestalt, Programación Neurolingüística, Oratoria, Relaciones humanas, Danzoterapia, Terapia de la risa, Bioenergía, Maestria en Desarrollo Humano y Bioenergía, Doctorado en Desarrollo Humano y Manejo de grupos, entre otros.

Posee experiencia en el trabajo frente a grupo como maestra, facilitadora del aprendizaje significativo y orientadora educativa, así como coordinadora de proyectos de calidad académica.

Ha sido directora de secundarias, preparatoria y licenciatura en las más distinguidas instituciones educativas.

Ha recibido reconocimientos por su labor docente, como conferencista, en su trayectoria como estudiante y en la elaboración de sus tesis profesionales.

Fundadora del Centro de Desarrollo para la Mujer con el proyecto de Feminidad y autoestima.

Imparte cursos a empresas e instituciones educativas desde 1984.

Ha participado con éxito en secciones de diferentes programas de radio y televisión.

Actualmente conduce el programa de Radio El Diván, Radio Terapia Interactiva, en Radio Mujer.

Participa como terapeuta en el programa Punto In de Guadalajara, en Televisa, Canal 4.

Te invito a profundizar en los diversos servicios que ofrecemos.

Reservaciones para cursos, conferencias y talleres:
Al teléfono: (33) 3823 0606
Al correo electrónico: exito.y.desarrollo@hotmail.com
Salto del Agua 2223, Jardines del Country

C.P. 44210, Guadalajara, Jalisco

Notas personales

Esta obra se terminó de imprimir
en julio de 2011, en los Talleres de

IREMA, S.A. de C.V.
Oculistas No. 43, Col. Sifón
09400, Iztapalapa, D.F.